Dónde va la coma

Fernando Ávila

G R U P O
EDITORIAL
norma

Bogotá, Barcelona, Buenos Aires, Caracas, Guatemala,
Lima, México, Panamá, Quito, San José,

Avila, Fernando, 1952-
    Dónde va la coma / Fernando Avila. — 2ª. ed. — Bogotá : Editorial
Norma, 2002.
    166 p. ; 21 cm.
    Incluye bibliografía.
    ISBN 958-04-6233-X
    1. Español - Gramática 2. Español - Ortografía I. Tít.
465 cd 20 ed.
AHK4837

            CEP-Banco de la República-Biblioteca Luis-Angel Arango

Nota ortográfica:

En este libro no se tilda *guion*, tal como lo indica la *Ortografía de la lengua española*,
Espasa, Madrid, 1999, 4.5., página 46. Tampoco se tilda el adverbio *solo*, salvo que haya
riesgo de ambigüedad, tal como lo prescribe el mismo documento en su epígrafe 4.6.4.,
página 51.

Impresión: enero de 2004

Edición, Adriana Delgado
Diseño de cubierta, Martha Ayerbe
Diagramación, Vicky Mora

Este libro se compuso en caracteres Minion

ISBN 958-04-6233-X

Dedico este libro a mis hijos Daniel Fernando y Xavier Santiago y a mi colaboradora de todas las horas, Diana.

Especiales agradecimientos a Jaime Burgos, por su incansable y eficaz estímulo para llevar a término este libro, y a mis alumnos de los Diplomados de Texto Jurídico y de Redacción Periodística de la Universidad del Rosario, de Bogotá, y de Periodismo Literario del Club de Prensa de Pereira y del Círculo de Periodistas del Quindío, por sus valiosos aportes.

CONTENIDO

Introducción

La coma no es respiratoria

Vamos a ponernos de acuerdo en algo esencial. Los signos de puntuación no se escriben para indicar las pausas respiratorias. Primero que todo, porque son muy pocos los textos destinados a la lectura en voz alta y, segundo, porque la puntuación variaría según el ritmo respiratorio del escritor. Es decir, más comas y más puntos, a mayor dificultad para respirar; menos comas y menos puntos, a mayor capacidad pulmonar. ¡Absurdo!

Pero a mí me dijeron en el colegio...

Lo siento mucho. De verdad. Y si le sirve de consuelo, a mí también me lo dijeron en el colegio, pero si fuera cierto que la coma es un signo respiratorio, ¿cómo podría alguien leer en voz alta las cuatro páginas de la novela *Pero sigo siendo el rey*, de David Sánchez Juliao, en las que no hay ninguna coma?

A ver. Lea uno de esos párrafos en voz alta.

Las palomas rojas aparecieron el día en que un sol bermejo asomó tras las montañas de piel granate erizadas en cactos

encarnados por el destello salmón de los rayos y la mañana
continuó siendo de un púrpura encendido que alarmó a los
habitantes de Tezontle quienes sólo ese mediodía leyeron en
el morado cardenal del aire y en el fucsia de las nubes y en el
olor de azaleas del ambiente las señales que todo Jalisco
esperaba desde cuando los primigenios profetas de piel de
cobre habían predicho sin alarma que siglos después de la
destrucción del Templo Mayor una bandada de palomas
rojas como la sangre navegaría en los pliegues del viento
rumbo al corazón del pueblo y sin más itinerario que el
diseño de una espiral carmesí armada al vuelo desde el
espinazo de las lomas hasta el zócalo de la plaza sobre la
cual aquel enjambre de palomas rojas como el mar rojo
sombrearía la tierra de una luz grana y exaltaría el
recuerdo de tantas y tantas muertes por venir.

Me cuentan que en algún colegio terminaron en la enfermería, con diagnóstico reservado, siete alumnos que intentaron leer este párrafo sin tomar aire. Es obvio que al leerlo en voz alta se deben hacer numerosas pausas, indicadas no por la coma, que no existe, sino por el sentido secuencial de las frases.

¡Ah! García Márquez también escribió un libro sin comas.

Lamento decirle que ese es otro mito. Si algo tienen *El último viaje del buque fantasma* (1968) y *El otoño del patriarca* (1968-1975), de Gabriel García Márquez, son comas. Lo peculiar de estas obras es que en *El último viaje...* solo hay un punto y en *El otoño...* solo cuatro. De resto, comas. Todas las comas necesarias para entenderlo.

Y, en cuanto a los textos destinados a su lectura en voz alta, estos tienen la indicación de las pausas con cambio de renglón, que puede o no coincidir con la coma. Muestra de ello son los versos escritos para su declamación ante público, los libretos de radio o televisión, los textos sagrados de los leccionarios de las iglesias...

La llama y el hielo es un libro que escribió Plinio Apuleyo Mendoza quizá con la intención de que alguien lo leyera en voz alta o, tal vez, con la intención de que el lector silencioso pudiera 'oírselo' a él, en su propio ritmo, con silencios o pausas que invitan a la reflexión o a la degustación de su estilo poético.

Le trascribo algunos renglones. Observe cómo Mendoza indica pausa con cambio de renglón, independientemente de que la coma esté ahí o no.

> *Todo ello desde aquella noche, cuando vio la nieve por*
>   *primera vez y sin*
> *importarle ser tomado por un loco se puso a saltar.*
> *A saltar y a correr.*

(...)

> *Gaitán,*
> *su cara mestiza llena de sudor,*
> *el acento áspero, a veces sarcástico, de la clase popular*
>   *bogotana; vigoroso*
> *y más bien pequeño, de pie ante un micrófono, iba a*
>   *electrizar a aquellas*
> *multitudes de desharrapados, hablándoles de la oligarquía*
>   *que todo lo tiene y de*
> *la miseria del pueblo,*
> *de cómo en el país los ricos se volvían más ricos mientras los*
>   *pobres se*

volvían más pobres,
de las mujeres del campo que parían como vacas
y del hambre que no era liberal ni conservadora.

(...)

Más que un ejecutivo suyo, Álvaro fue una especie de pupilo,
al que trataba
con una mezcla muy paternal de autoridad y afecto,
cediéndole a veces limitadas
parcelas de su propio poder
(un diario, por ejemplo), pero vigilándolo desde lejos con un
ojo discreto y
benévolo, como se vigila a los hijos cuando juegan en la
calle...
(*La llama y el hielo*, Plinio Apuleyo Mendoza, Ediciones
Gamma, 1989).

¡Ah!, entonces, no importa cómo escriba uno. Cualquier forma de puntuar es válida.

Un momento. Que algunos escritores consumados realicen cierto tipo de experimentos, como escribir sin comas, o con apenas cuatro puntos y aparte en doscientas veinte páginas, no significa que usted deba hacer lo mismo o algo parecido en los memorandos, cartas, informes, reportajes o novelas que escriba. Si su objetivo es escribir con claridad, siga las instrucciones que le voy a dar en estas páginas y alcanzará así el objetivo de que lo entiendan.

Los ejemplos que le estoy mencionando no pretenden mostrarle que la puntuación es algo anárquico, que cada quien maneja a su arbitrio. No. Los signos de puntuación obedecen a la estructura del texto y, lo más importante, son los que le dan el significado preciso al escrito. Eso equivale a decir que una coma no se marca para respirar, ni para que se vea bonita la carta, sino para dar un significado preciso.

La meta es esa. Ser claro. Que cada coma y cada punto estén donde deben estar, porque el significado del texto lo exige así.

Terminología

Le voy a hablar frecuentemente de *verbo*, de *oración*, de *preposición*..., por lo que resulta fundamental que usted recuerde algunas nociones gramaticales o, al menos, que usted y yo estemos de acuerdo en el significado de las palabras técnicas que voy a utilizar en este libro.

Las palabras con las que usted escribe pueden ser *sustantivos, adjetivos, verbos, adverbios, preposiciones, conjunciones* o *interjecciones*. Al unirlas, usted construye *frases, oraciones* y *párrafos*. La sucesión de párrafos va a constituir sus memorandos, cartas, ensayos, noticias, informes, reportajes, novelas..., documentos en los que usted debe seguir normas *ortográficas, sintácticas* y *semánticas*.

En el **Anexo 3** está aclarado cada uno de estos términos. Lo invito a consultarlo cada vez que lo considere oportuno.

Quién dicta las normas y dónde están escritas

Las normas gramaticales son establecidas de común acuerdo por veintidós academias de la Lengua Española y están consignadas en la *Ortografía de la lengua española*, Espasa Calpe,

Madrid, 1999; en la *Gramática de la lengua española*, Espasa Calpe, Madrid, 1994, y en el *Diccionario de la lengua española*, vigésima primera edición, Espasa Calpe, Madrid, 1992.

¿Entonces, en esos libros está todo lo que usted me va a decir aquí?

No. En esos libros están las normas dichas de una manera sucinta, en el lenguaje propio de la Academia. Por ejemplo, en la *Ortografía de la lengua española*, el uso de la coma está expresado en un par de páginas. Aquí le explico con amplitud ese par de páginas. Le digo nombre, equivalencia y uso práctico de cada coma y me detengo con especial intensidad en la dimensión semántica de cada uso. Es decir, en el cambio de significado que trae cada coma en particular y cada signo de puntuación en general.

La coma

Le propongo el siguiente ejercicio, antes de identificar cada una de las diez comas que hay en español. Escriba las comas que a su juicio deban ir en los siguientes párrafos.

a) *Marta dio cruasán a Luis.*

b) *El ingeniero de sistemas Esaú Piedrahíta entregó ayer su informe a la Vicepresidente de Proyectos del Banco Panamericano.*

c) *Una empresa estadounidense dedicada a la exploración y explotación de los recursos energéticos del subsuelo vendió sus vehículos antiguos a una institución privada ecuatoriana que se dedica a las mismas actividades.*

¿Ya escribió las comas?

¿Cuántas?

¿Más comas en el tercero, menos en el segundo y ninguna en el primero?

Para ver si usted acertó o no, vamos a hacer el análisis sintáctico de los párrafos.

a) *Marta* (sujeto) *dio* (verbo) *cruasán* (complemento directo) *a Luis* (complemento indirecto).

b) *El ingeniero de sistemas Esaú Piedrahíta* (sujeto) *entregó ayer* (verbo —frase verbal compuesta de verbo y adverbio—) *su informe* (complemento directo) *a la Vicepresidente de Proyectos del Banco Panamericano* (complemento indirecto).

c) *Una empresa estadounidense dedicada a la exploración y explotación de los recursos energéticos del subsuelo* (sujeto) *vendió* (verbo) *sus vehículos antiguos* (complemento directo) *a una institución privada ecuatoriana que se dedica a las mismas actividades* (complemento indirecto).

¿Y a qué viene todo eso? ¿Se trataba de escribir comas o de hacer un análisis sintáctico?

Se trataba de escribir comas, pero no se pueden escribir comas si no se hace previamente el análisis. Observe usted que los tres párrafos tienen la misma estructura. Son oraciones con sujeto, verbo, complemento directo y complemento indirecto. Se trata de tres oraciones iguales en cuanto a su estructura. Esta estructura se llama *determinativa*. Son oraciones determinativas. Y las oraciones determinativas no tienen coma.

¡¿Cómo así?! Está bien que el primero no tenga comas, pero el tercero... ¡por lo menos dos!

No. Créame. La coma no obedece a la extensión del texto, sino a su estructura.

¡Pero uno se ahoga!

No. La coma no es un signo respiratorio. Respire cuantas veces quiera al leer en voz alta, pero no escriba comas donde respire.

¡Pero se ve muy feo sin comas!

No. La coma no es un signo estético. No es un adorno para que el párrafo se vea más bonito. Deje así los tres párrafos. Déjelos sin comas, que así están perfectos.

Entonces, el asunto es complicadísimo, porque hay que saber sintaxis para escribir una simple carta. Por supuesto, pero no crea usted que saber sintaxis es como saber griego antiguo o física cuántica. Lea con atención estas páginas y sabrá toda la sintaxis necesaria para usar bien la coma... y, ¡claro!, los demás signos de puntuación.

No coma

No coma. ¡Dieta de comas! ¡Hay que adelgazar el párrafo, quitándole todas las comas innecesarias!

En las siguientes páginas le voy a hablar de oraciones sin coma. Verá que el asunto no tiene nada que ver con extensión o respiración, sino con estructura.

La esencia de la idea va sin coma

La esencia de la idea se expresa con sujeto, verbo, complemento directo y complemento indirecto. Pero no se me asuste. No sabe lo fácil que es dominar estos conceptos. Mire: el núcleo de una oración es el verbo, por ejemplo *vendió*. Todo lo que usted le agregue dice algo de ese verbo. Así, el sujeto responde a la pregunta *quién*, en concreto, *quién vendió*. Basta que responda esa pregunta y ahí tiene el sujeto: *nuestra empresa*.

Nuestra empresa	vendió
SUJETO (QUIÉN)	VERBO

El complemento directo responde a la pregunta *qué*, es decir, *qué vendió nuestra empresa*: *ciento dieciséis litros de yogur*.

Nuestra empresa   vendió   116 litros de yogur
SUJETO (QUIÉN)   VERBO   COMPLEMENTO DIRECTO (QUÉ)

El complemento indirecto responde a la pregunta *a quién*, en este caso, *a quién vendió nuestra empresa esos ciento dieciséis litros de yogur: a sus clientes de Cali.*

Nuestra empresa   vendió   116 litros de yogur
SUJETO (QUIÉN)   VERBO   DIRECTO (QUÉ)

a sus clientes de Cali.
COMPL. INDIRECTO (A QUIÉN)

Ahí está la esencia de la idea. Eso es lo que se llama oración determinativa o parte determinativa de la oración. Esa es la parte que va sin comas (¡No coma!). Cualquier otro dato que se agregue es accidental, no esencial. Por ejemplo: ...*durante el último trimestre* (cuándo vendió esos ciento dieciséis litros), *gracias al apoyo publicitario* (por qué vendió...). Esos dos datos son accidentes (accidente es lo que no es esencial), circunstancias, que deben separarse con comas.

Nuestra empresa   vendió   116 litros de yogur
SUJETO (QUIÉN)   VERBO   DIRECTO (QUÉ)

a sus clientes de Cali,
INDIRECTO (A QUIÉN)

durante el último trimestre,
C. CIRCUNS. DE TIEMPO (CUÁNDO)

gracias al apoyo publicitario.
C. CIRCUNS. DE CAUSA (POR QUÉ)

Esencia sin comas y accidentes con comas

La parte determinativa expresa la esencia y los complementos circunstanciales expresan los accidentes de la idea.

¿Y accidente no es cuando uno se parte un pie y lo tienen que enyesar?

¡Exacto! Ahí tiene usted una pauta para que distinga esencia de accidente. Si yo le pregunto qué es usted, usted me contestará que es un ser humano. Esa es su *esencia*, lo que no cambia. Usted es ser humano desde el principio hasta el fin, desde que fue concebido hasta que muera. En cambio, que usted tenga una luxación en el tobillo, que tenga una cortada en el dedo pulgar derecho, que tenga la encía irritada... son *accidentes*, circunstancias, que afectan su actividad actual, pero no permanecen. Ni han estado antes de sufrir el percance, ni estarán después de curarse definitivamente. Su esencia, en cambio, seguirá ahí, como siempre. También son accidentes, en el sentido filosófico, que usted esté con el vestido azul, que usted use gafas, que usted tenga el pelo corto. Todo ello puede cambiar (por eso se llaman accidentes), sin que cambie su esencia: usted sigue siendo usted (esencia) con vestido rojo, sin gafas y con pelo largo (accidentes).

Pues bien, cuando de expresar una idea se trata, hay también esencia (lo sustancial, lo definitivo, lo importante) y accidentes (lo circunstancial, los datos menos importantes). La esencia se expresa con sujeto, verbo, complemento directo y complemento indirecto, que constituyen la oración determinativa, que no tiene comas.

Pachito Navarro Rivera trajo una cartera a Marisol Urdinola.

¿Dónde va la coma?

¡En ninguna parte! No hay coma después de *Rivera*, pues estaríamos separando el sujeto del verbo, lo que constituye error (por cierto, bastante frecuente). Tampoco hay coma después de *trajo*, pues estaríamos separando el verbo del complemento directo, error inadmisible. Tampoco después de *cartera*, que separaría directo de indirecto, lo que tampoco se debe hacer.

Aunque cambie el orden, la esencia va sin comas

Le ofrezco algunos ejemplos de oración determinativa. Todos tienen verbo (lo resalto en **negrilla**). Los demás elementos no son indispensables. Hay ejemplos sin sujeto y sin complemento indirecto. Note especialmente que sujeto y verbo no se separan con coma. Entre paréntesis le indico qué elementos hay: sujeto (S), verbo (V), complemento directo (D), complemento indirecto (I).

- *Juan **entregó** la tarea a Luisa* (SVDI).

- *La Empresa Sue de Textiles **lanzó** su nueva tela inarrugable* (SVD).

- *Misael Pedraza Romero y María Elena Remolina Suárez **ofrecieron** un elegante coctel a sus amigos del Banco Emisor* (SVDI).

- *Las secretarias que hayan terminado ya sus tareas **pueden reclamar** un bono a una de las asistentes de la Gerencia General* (SVDI).

- *La radio **informó** que la cerveza había bajado su precio* (SVD).

- *La televisión* **mostró crudamente** *la tragedia* (SVD. La frase verbal incluye adverbio. En este caso el adverbio *crudamente*).

- *Se* **informó** *el procedimiento* (VD. El pronombre *se* le da carácter impersonal a la oración. En esta oración, entonces, no hay sujeto).

- *Se* **informó** *el procedimiento a los interesados* (VDI).

- *El Jefe* **informó** *el procedimiento* (SVD).

- *El Jefe* **informó** *el procedimiento a los interesados* (SVDI).

Entonces, según lo dicho, no se separan con coma el sujeto del verbo, ni el verbo del complemento directo, ni el complemento directo del indirecto.

¿Y si se cambia el orden?

¡Tampoco hay comas!

- *Marta Zapata les* **vende** *champú a sus compañeros* (SVDI).

- *Les* **vende** *champú a sus compañeros Marta Zapata* (VDIS).

- *A sus compañeros les* **vende** *champú Marta Zapata* (IVDS).

- *Champú les* **vende** *Marta Zapata a sus compañeros* (DVSI).

Observe que en los cuatro ejemplos anteriores el orden sintáctico cambia, pero la puntuación sigue siendo la misma: no hay comas.

Si tiene curiosidad por el *les* que hay en estos ejemplos, le informo que es un pronombre que anticipa el complemento indirecto (en estos ejemplos, el complemento indirecto es la frase *a sus compañeros*), y lo invito a ver el **Anexo 1**, para que tenga claro lo relativo al uso de los pronombres *le, lo, la, les, los, las, se,* si desea aclarar el asunto antes de seguir con nuestro tema central.

Resumen

Hasta este punto, le he dicho en síntesis lo siguiente sobre la coma:

❖ La oración determinativa no tiene coma.
❖ Oración determinativa es la que tiene sujeto, verbo, complemento directo y complemento indirecto. Puede faltar alguno de los elementos, excepto verbo y complemento directo.

¿Y si el verbo es intransitivo?

Avancemos, pues.

Los ejemplos hasta aquí mostrados tienen como característica común haber sido construidos con verbos transitivos. Los verbos transitivos son los que exigen complemento directo (un *qué* o un *a quién*): *Los gerentes tienen* (qué tienen) *copia del documento. Las secretarias saludaron* (a quién saludaron) *a sus je-*

fes (los verbos *tener* y *saludar* son transitivos). Sin embargo, no todos los verbos son transitivos. También hay verbos intransitivos y también con ellos se pueden escribir oraciones determinativas.

¡Esto ya está pasando de castaño oscuro! ¿Resulta que ahora hay que saber también de verbos transitivos e intransitivos para algo tan sencillo como poner comas?

¡Sí!, pero no se me asuste. Es muy sencillo distinguir un verbo transitivo de uno intransitivo. Aparte de que el diccionario lo dice (si es transitivo dice *tr.*, y si es intransitivo dice *intr.*), usted puede reconocer un verbo intransitivo con el simple recurso de decirlo sin complemento directo y verá cómo quien esté oyéndolo le preguntará *qué* o *a quién*. Haga la prueba. Diga, por ejemplo, *ayer me **dijeron**...*, *tengo que **pegar**...*, *mis amigos **traen**...*, *voy a **contarles**...*

En los cuatro casos le preguntarán *qué*: qué le dijeron ayer, qué tiene que pegar, qué traen sus amigos y qué nos van a contar: *ayer me dijeron que soy muy inteligente, tengo que pegar el jarrón de porcelana, mis amigos traen el pegante, voy a contarles un corrido muy mentado...* Pues, ahí tiene resuelto el asunto. Los verbos *decir, pegar, traer* y *contar* son transitivos, pues todos ellos exigen un *qué*, el complemento directo.

En cambio, si usted dice *ayer **renuncié**...*, *hoy **troté**...*, *mañana **descansamos**...*, *mis tíos **están navegando**...* nadie le preguntará *qué*, ni *a quién* (qué renunció, a quién renunció, qué trotó, qué descansamos, qué están navegando). Las ideas son completas, sin necesidad de más, es decir, sin necesidad de complemento directo. En consecuencia, los verbos *renunciar, trotar, descansar, navegar* son verbos intransitivos.

Ahora bien, algunos verbos intransitivos se convierten en transitivos cuando se usan en sentido figurado. Por ejemplo, en las expresiones *llovieron propuestas* o *renuncié a su amor*, los verbos *llover* y *renunciar* son transitivos porque tienen complemento directo. Cuando no hay un sentido figurado, estos verbos son intransitivos.

Si quiere más pistas, le diré que los verbos transitivos son los que admiten voz pasiva: *Mi primo **lee** un libro*. Voz pasiva: *un libro **es leído** por mi primo*. Eso quiere decir que el verbo *leer* es transitivo. Otro caso: *Lucía **preparó** un rosbif*. Voz pasiva: *un rosbif **fue preparado** por Lucía*. *Preparar* es verbo transitivo. En cambio, *yo **troto**, usted **camina**, él **está dormido*** no tienen voz pasiva. En consecuencia, no son transitivos. Son intransitivos. Y, ¿por qué se llaman así? Muy sencillo. Transitivo, porque la acción transita, es decir, pasa de uno a otro (*Juan **saluda** a Pedro*). Intransitivo, porque la acción no transita, se queda en el sujeto (*Patricia **renunció***). *Saludar* es transitivo. *Renunciar* es intransitivo.

Aclarado esto, veamos qué pasa cuando las oraciones se construyen con verbos intransitivos.

Puede ser que la oración determinativa se reduzca al verbo.

- ***Llovió**.*

- ***Está granizando**.*

- ***Venga**.*

O que el verbo tenga algún adverbio.

- ***Llovió** bárbaramente.*

- *Aquí **está granizando** mucho.*

- ***Venga** pronto.*

Todas estas oraciones son determinativas. En ellas hay otro elemento aparte de la frase verbal. No deben llevar coma. Puede ser que tengan sujeto y verbo.

- *Juan **renunciará** (SV).*

- *María Teresa **paseaba** (SV).*

- *El burro **rebuznó** (SV).*

O puede ser que tenga complemento, que no se llama directo, sino preposicional.

¿Preposicional? ¡Qué nombre tan raro!

No. No es un nombre raro. Se llama preposicional por una razón evidente: porque es un complemento que empieza con preposición. Así, las frases *durante las vacaciones, por el parque japonés, desde las cinco de la mañana* pueden ser complementos preposicionales, pues empiezan con las preposiciones *durante, por* y *desde.* Vea las mismas tres últimas oraciones, con complemento preposicional.

- *Juan **renunciará** durante las vacaciones (SVP).*

- *María Teresa **paseaba** por el parque japonés (SVP).*

- *El burro **rebuznó** desde las cinco de la mañana (SVP).*

En resumen, las oraciones determinativas (sin coma) con verbo intransitivo pueden tener:

a) solo verbo: ***Amaneció.***

b) adverbio y verbo: *ya **amaneció***.

c) sujeto, verbo y complemento preposicional: *Mi perro favorito **pasea** por los caminos reales.*

El complemento preposicional tampoco va con coma

En este punto viene muy bien recordar las preposiciones, ya que esas partículas deben ir inmediatamente después del verbo o de la frase verbal en las oraciones que tengan como núcleo un verbo intransitivo.

Hay dieciséis preposiciones indiscutibles y de uso actual y otras tantas discutidas por los gramáticos o en desuso. Las indiscutibles son: *a, ante, bajo, con, contra, de, desde, en, entre, hacia, hasta, para, por, sin, sobre, tras.* Las discutidas son, entre otras, las siguientes doce: *aun, cabe, como, durante, extra, in, incluso, mediante, pro, según, so.*

¿Había visto alguna vez una lista más completa de preposiciones?

No nos debe importar mucho si la preposición es indiscutible o discutida, sino simplemente si va bien en nuestra oración con verbo intransitivo para enlazar la frase verbal y el complemento preposicional. Si escribo

- *Rut camina **sobre** el césped*

- *Rut camina **por** el césped*

- *Rut camina **hacia** el césped*

estoy escribiendo oraciones con preposiciones indiscutibles (*sobre, por, hacia*), tan válidas como pueden serlo las siguientes, con preposiciones discutidas (*cabe, durante, como*):

- *Judit trota* **cabe** *el abedul* (*cabe* es 'cerca de' o 'junto a')
- *Judit trota* **durante** *la noche*
- *Judit trota* **como** *un caballo.*

A continuación le ofrezco ejemplos con las veintisiete preposiciones más conocidas. Recuerde que no debe separar con coma el verbo de su complemento preposicional.

- *María apeló* **a** *los buenos oficios de su abogado.*
- *Cristóbal Colón se hincó* **ante** *su Majestad.*
- *Los motores de la fábrica trabajan* **aun** *durante la noche* (la preposición *aun* tiene el mismo sentido de *hasta* o *incluso*).
- *El Alcalde quedó* **bajo** *el mando del Gobernador.*
- *La carreta pasó* **cabe** *el árbol* (*cabe* significa 'cerca de' o 'junto a'. Es preposición antigua, que a veces aparece en poesía:

  > *la yegua era ligera,*
  > *muy abundante pasaba,*
  > *fasta llegar* **cabe** *un río*
  > *adonde una barca estaba*).

- *Ese banco quebró* **como** *cualquier otra entidad mal administrada.*

- *Gabriel García Márquez habla aún **con** su acento de auténtico cataqueño* (El *aún* de este ejemplo es adverbio de tiempo, equivalente a 'todavía'. Se escribe con tilde, a diferencia de la preposición *aun* que va sin tilde. Las preposiciones son átonas, excepto *según*).

- *El Viejo navegaba **contra** la corriente.*

- *El abogado de la familia apeló **de** la sentencia* (es frecuente el error de suprimir la preposición *de* al unir el verbo *apelar* con su complemento preposicional de materia, pero no por frecuente deja de ser error).

- *Adela no ha mejorado **desde** que se fue su esposo.*

- *El vicerrector nunca habla **durante** la izada de bandera.*

- *Los inmigrantes trabajan preferiblemente **en** restaurantes y hoteles.*

- *La Santa María está situada **entre** La Pinta y La Niña.*

- *Pedro trabaja **extra** tiempo* (la preposición *extra* no es tan frecuente como el adjetivo: *trabaja tiempo extra*).

- *Ese autobús ejecutivo va **hacia** la sede del Club Millonarios.*

- *Cantinflas estuvo platicando **hasta** las tres de la mañana.*

- *El nuevo Gobierno permanece **in** statu quo.*

- *Don Sinforoso ronca mucho **incluso** cuando está despierto.*

- *Inesita se durmió **mediante** el recurso de contar ovejas.*

- *El viejo policía descansa **para** emprender mañana de nuevo su misión.*

- *La comunidad oró **por** una pronta recuperación de las víctimas.*

- *Las damas voluntarias laboran **pro** damnificados* (la preposición *pro* no figura en el *Diccionario de la lengua española* de 1992, pero sí en la *Gramática* de 1994. Va siempre antes de sustantivo y sin artículo).

- *Los frenos del automóvil fallaron **según** el diagnóstico del perito* (*según* es la única preposición tónica y, además, tildada, razón por la que la *Gramática de la lengua española* de 1994 cuestiona su carácter de preposición).

- *Las sirenas nadaron **sin** ningún temor por las fieras marinas.*

- *Los vecinos asistirán **so** pena de suspensión de servicios* (la preposición *so* es antigua, significa 'bajo' y se ve hoy sólo en el lenguaje jurídico antepuesta a los sustantivos *capa, pena* y *pretexto*).

- *Los camaradas dialogan **sobre** las nuevas medidas fiscales.*

- *Las niñas iban **tras** las muñecas traídas ayer de Europa.*

Todos los anteriores ejemplos están construidos con sujeto, verbo intransitivo y complemento preposicional, en ese orden. Son oraciones determinativas y, por eso, no llevan coma. (¡No coma!)

Sobre la importancia de estas preposiciones y especialmente sobre el controvertido *de que*, lo invito a ver el **Anexo 2**.

> ## Resumen
> Retomando lo dicho hasta aquí sobre la coma, tenemos que:
>
> ❖ En oraciones determinativas no hay coma.
> ❖ Son oraciones determinativas las que expresan la esencia de la idea.
> ❖ Las oraciones determinativas con verbo transitivo pueden tener sujeto, verbo, complemento directo y complemento indirecto. Pueden faltar el sujeto y/o el complemento indirecto.
> ❖ Las oraciones determinativas con verbo intransitivo pueden tener sujeto, verbo y complemento preposicional. Pueden faltar el sujeto y/o el complemento preposicional.

Coletilla ortográfica para *y/o*

Una coletilla ortográfica, por si acaso: en el resumen anterior acabo de escribir la abreviatura *y/o*, que puede sorprenderlo a usted, porque tal forma ha sido tradicionalmente condenada como anglicismo, es decir, como uso tomado del inglés, pero ajeno a la morfología española y, por tanto, erróneo. Pues, la buena nueva es esta: la abreviatura *y/o* figura en la *Ortografía de la lengua española* de 1999, en el numeral destinado a explicar el uso de la barra (/). Ahí da como ejemplo un texto de Alfredo Bryce Echenique, correspondiente a su novela *La vida*

exa*gerada de Martín Romaña*: "Es el tipo de bromas y/o menti-
ras piadosas que Inés no soportaba".

Por eso me animé a usarlo.

Vista ya la situación en la que no hay coma (¡No coma!), es
decir, la oración determinativa, lo invito a conocer en las siguientes páginas las diez comas que hay en español: *vocativa, enumerativa, circunstancial, sicológica* (también llamada *psicológica*),
explicativa, adversativa, elíptica, de enlace, decimal y *bibliográfica*.

Ahora sí, aclarado dónde no debe ir coma, le voy a decir dónde va y cómo se llama cada coma.

La coma vocativa

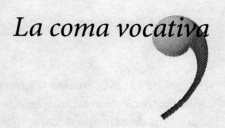

La coma vocativa es quizá la primera que usted tiene que usar en el correo electrónico:

- *Víctor, no se le olvide la reunión de mañana.*

- *María Cristina, gracias por el informe sobre la recesión.*

- *Gustavo, ¿por qué no me has mandado todavía el informe?*

- *No se te olvide nuestro almuerzo de trabajo, Mario.*

- *¿Dónde está la clave de abreviaturas, Nubia?*

Vocativa o *vocativo* viene del verbo latino *vocare* que significa 'llamar'. De ese mismo verbo vienen palabras que usted conoce bien como *convocar*, que es 'llamar a una reunión'; *advocación*, que es 'llamar a un santo'; *vocación*, que es 'llamada'... *Vocativo* es la palabra que se usa para llamar a alguien.

- *Pedro*

- *Pedro Pérez*

- *Mi amor*

- *Mi Comandante*
- *Señor*

Cuando a ese vocativo se le agrega un mensaje, hay una oración vocativa. Esta oración debe llevar una coma vocativa entre uno y otro elemento, es decir, entre el vocativo y el mensaje.

- *Pedro, ¿ya resolviste el problema del subsidio?*
- *Pedro Pérez, preséntese hoy mismo en la Gerencia.*
- *Mi amor, ¡qué alegría verte!*
- *Mi Comandante, ya se izó la bandera.*
- *'Regalo', ¡no ladre más!*

Esa coma que usted ve después de cada vocativo es la coma vocativa. El vocativo puede ir después del mensaje, caso en el que la coma va antes del vocativo.

- *Sí, señor.*
- *No, señora.*
- *¿Estás segura de que es la mejor decisión, Sofía?*
- *¡No ponga más pereque, Paquito!*
- *¡Deje de ladrar ya, 'Regalo'!*

Aquí conviene recordar lo que ya debatimos al comienzo de este libro acerca de la coma y la respiración. Sin duda, en las oraciones *sí, señor* y *no, señora*, el hablante no respira, no hace pausa, entre una y otra palabra, entre mensaje y vocativo. Como usted ya sabe que la coma no es signo respiratorio, no vaya a dejar esas oraciones sin coma vocativa, con el argumento de que al pronunciarlas no hay pausa.

Coma vocativa junto a *y*

Se dice que donde va la *y* no va la coma, y eso es cierto cuando se trata de una coma enumerativa, pero no cuando se trata de una coma vocativa. Por eso, es factible que una coma vocativa vaya al lado de una *y*.

- *María, ¿y qué pasó con tus trenzas?*
- *Trae la mantequilla, Andrés, y no te olvides de la gelatina.*

Las comas vocativas de estos ejemplos, al lado de la *y*, son correctas.

Interrogación y admiración

Otra acotación a los ejemplos de coma vocativa. Observe que los signos de interrogación y de admiración van después de la coma cuando el vocativo va al comienzo (*María, ¿dónde está mi camiseta de fútbol? / Pepita, ¡venga ya!*). En cambio, cuando el vocativo va al final, los signos de interrogación y de admiración abarcan toda la oración (*¿Qué querés que te diga, che? / ¡Macanudo tango, Carlitos!*).

Otra más. No olvide que en español los signos de interrogación y de admiración siempre son dos, a diferencia del inglés y otros idiomas donde sólo va el de cierre (*Do you speak english? / Dove e la posta, signore?*).

Y la última. Observe que *'Regalo'* va entre comillas sencillas. Los nombres propios de animales se escriben así: con mayúscula inicial y entre comillas sencillas: *'Platero' rebuznó complacido..., Mi loro 'Roberto' no come gelatina...*

Existe la posibilidad de que el vocativo esté en medio del mensaje. En tal caso, el vocativo va entre comas.

- *Dios quiera, Constanza Ferro, que tus palabras se conviertan en realidad.*

- *Esto ya está más que claro, Pedro, más que claro.*

- *Los estudiantes que convalidaron, señor profesor, ya están registrados.*

- *No tengo duda, mi querida sobrina, de que lo encontrarás.*

Equivalencia relativa de la coma vocativa y los dos puntos

La coma vocativa equivale a los dos puntos de la carta. Observe usted cómo en español se escribe dos puntos al final del vocativo, mientras en inglés se escribe coma:

Querida mamá: (en la carta en español).

Dear mother, (en la carta en inglés).

Esto conviene registrarlo, para que usted vaya distinguiendo una coma de otra. Por lo pronto, esta primera, la coma vocativa, se parece a los dos puntos del saludo de la carta. Ya irá usted viendo las equivalencias de las demás comas. Esta equivalencia, la de la coma vocativa, le permitirá reemplazarla por dos puntos, cuando en el texto la coma se preste a confusión. Por ejemplo,

Patricia, María José y Adriana vienen mañana

expresa que las tres personas vienen mañana. Si usted quiere informarle a Patricia que María José y Adriana (ellas dos) vienen mañana, debe cambiar la coma vocativa por dos puntos.

Patricia: María José y Adriana vienen mañana.

La raya

Si usted escribe diálogos en relatos, novelas o narrativa en general, tenga en cuenta también el correcto uso del guion mayor o raya (—). Este signo casi nunca está en los teclados. A veces se escribe uniendo dos guiones menores, solución que muchas veces convierte la raya en eso: dos guiones menores. Si usted tiene computador, averigüe en su programa cuál es el código para marcar la raya, que es un signo distinto de la línea para subrayar y, como ya le dije, distinto del guion menor.

Observe el ejemplo siguiente.

—*No tengo por qué oír más tus tonterías, Maruja.*
—*Óyeme bien, Pachita. O me prestas atención o me suicido.*
—*Nadie de esta familia, Maruja, se ha suicidado nunca.*
—*Pues yo voy a ser la primera...*
—*No, Maruja, para eso se necesita mucha valentía.*

Así se escribe un diálogo: el guion mayor o raya va al comienzo de cada parlamento. Si usted quiere hacer alguna acotación a las palabras textuales que acaba de decir uno de los actores del diálogo, debe hacerlo de la siguiente manera:

—*Espero que me llames cuando llegues a Palmira, Patricia*
—*dijo Lorenzo ocultando sus lágrimas.*
—*Claro, papi, ¿cuándo no lo he hecho así?* —*contestó ella,*
mientras impulsaba la hoja de la puerta principal para
que chocara contra su jamba.

Como ve, va un guion antes del parlamento y otro antes de
la acotación. Si la acotación del narrador va dentro del parlamento del personaje, se escribe entre guiones.

—*Vidal José, ya no soporto más tu mutismo. ¡Habla!*
—*No tengo nada que decir* —*respondió el insufrible*
secretario—. *Cuando sea necesario voy a hablar y lo voy*
a decir todo. Óigame bien, jefe, ¡todo!
—*Bueno, Vidal José* —*gruñó el capitoste*—, *tampoco*
exageremos. Ya está bien.

Resumen

¿Cuando vio el título de este libro, pensó que sólo
le hablaría de la coma? Pues vea usted cómo, al ir
hablando de la coma, va siendo necesario hablar
de los demás signos y hasta aludir a normas de
ortografía léxica. Por lo pronto, aquí, en este apartado sobre la coma vocativa, le he dicho que:

❖ La coma vocativa se escribe para separar mensaje y vocativo.

❖ La coma vocativa equivale a los dos puntos del
vocativo de las cartas.

❖ Los signos de interrogación y de admiración se
escriben siempre al comienzo y al final de la res-
pectiva frase u oración.

❖ El guion mayor o raya se usa en diálogos de
textos narrativos.

La coma enumerativa

Sin duda, la más conocida de las comas es la enumerativa. Se usa para separar elementos análogos de una enumeración. Puede ir en el sujeto de la oración, *Ricardo, Patricia, José Patrocinio, Milena y Álvaro entregaron ya su propuesta*; en el complemento directo, *Ricardo entregó su propuesta, su cronograma, su plan de acción y su presupuesto*; en el complemento indirecto, *Ricardo entregó su plan 2001 al Gerente, a los Subgerentes, a la Asamblea de Accionistas y a la prensa*. Por supuesto, puede ir en todos los elementos de la oración.

> *Ricardo, Patricia, José Patrocinio y Álvaro entregaron ya su propuesta, su cronograma, su plan de acción y su presupuesto al Gerente, a los Subgerentes, a la Asamblea de Accionistas y a la prensa.*

Esta oración es determinativa.

¿Determinativa? ¿Cómo así? ¿Acaso no lleva varias páginas diciéndome que la oración determinativa no tiene comas?

Sí. De acuerdo. Llevo varias páginas diciéndole que no se deben separar con coma sujeto de verbo, verbo de complemento directo, complemento directo de complemento indirecto. Eso sigue vigente. Observe usted que en el ejemplo anterior no hay coma después de *Álvaro*, no hay coma después de *entregaron* y no hay coma después de *presupuesto*. Las únicas comas del párrafo son estrictamente enumerativas.

La coma enumerativa y la conjunción *y*

Toda la vida usted y yo hemos oído que donde va la *y* no va la coma. Eso es cierto y válido para la *y* y la coma enumerativa dentro de una misma oración. Por lo tanto, no es aplicable a las comas que no sean enumerativas, ni a la coma enumerativa que separa no ya elementos análogos dentro de una oración, sino una oración de otra.

Entonces:

a) La coma enumerativa no va donde va la *y* en enumeración de elementos análogos dentro de la oración.

Pedro me envió ayer libros, folletos, periódicos y revistas.

(No va la coma enumerativa después de *periódicos*).

b) Cualquier coma que no sea enumerativa puede ir donde va la *y*.

Papi, y no se te olvide mi cruasán.

(Hay una coma vocativa al lado de la *y*. Ver pg. 29).

Enrique Serrano, autor de La marca de España, *y un alumno suyo organizaron el evento cultural.*

(Hay comas explicativas, la segunda de las cuales cierra el inciso y, en consecuencia, va después de la *y*. Ver pg. 69).

c) La coma enumerativa puede separar no ya elementos análogos dentro de una oración, sino una oración de otra, y estas oraciones pueden empezar con *y*.

El venado arremetió contra los cazadores con su bravura de siempre, y los cazadores no tuvieron opción distinta a la de la humillante huida.

(La *y* separa dos oraciones, distinto de, por ejemplo, *El venado arremetió contra los cazadores, los visitantes y los turistas* o *El venado arremetió contra los cazadores con su bravura, su energía y su decisión de siempre.* Estas son comas enumerativas dentro de la misma oración).

A propósito, recuerde que la *y* se cambia por *e* cuando la palabra que sigue empieza por *i* o por *hi, Pedro e Isabel trajeron agua e hisopo,* pero se deja *y* si la *i/hi* inicial de la palabra que sigue forma parte de un diptongo, *Traiga agua y hielo para explicarle el tema de atmósfera y ionosfera.*

En resumen, la coma enumerativa separa elementos análogos de una enumeración y no va donde va la conjunción *y,* salvo que se trate de oraciones distintas.

Relación de la coma enumerativa y la conjunción *que*

La coma enumerativa tampoco debe ir donde va la conjunción *que.* Recuerde que esa conjunción es la que une el sujeto con el verbo, *dijo que estaba bien,* y une también sustantivo con frase adjetiva, *los hombres que cargan bultos, las mujeres que hacen el aseo, las niñas que se pintarrajean, los muchachos que solo se dedican a flirtear...* Y en este punto es muy importante distinguir la conjunción *que* del pronombre *que*. No es lo mismo.

> *Las secretarias que se capacitan permanentemente merecen un aumento*

que

> *Las secretarias, que se capacitan permanentemente, merecen un aumento.*

El *que* de estas oraciones es distinto en cada caso. En el primero es conjunción y en el segundo es pronombre. Por eso, en el primer caso no hay coma y en el segundo sí. Las comas del segundo son explicativas. El problema radica en que cada oración tiene distinto significado. En el primer caso, solo merecen aumento las dos o tres secretarias que se capacitan; en el segundo, el aumento lo merecen todas, las veinte o treinta, porque todas se capacitan. No le digo más, porque en la parte destinada a la coma explicativa voy a ser exhaustivo en la explicación de estas diferencias, que no son estéticas ni meramente formales, sino semánticas, es decir, que afectan el significado del texto (ver *Las comas explicativas,* pg. 63).

La coma enumerativa y la conjunción *ni*

Si la conjunción en cuestión es *ni*, la coma va cuando hay más de dos frases con ella:

> *No quiero ni whisky, ni brandy, ni pacharán, ni ron*

pero no cuando solo hay una,

> *No quiero pacharán ni ron.*

El *punto y coma* enumerativo

Ahora, ¿qué pasa cuando hay enumeraciones complejas?

¡Qué cosa! ¡Siempre haciendo todo más complejo!

A ver. Por ejemplo, usted compró revistas, periódicos y libros. Es muy sencillo escribirlo, porque la enumeración tiene tres términos. Se separan con una coma enumerativa y una *y*.

Compré revistas, periódicos y libros

Es tan sencillo, que para resolverlo no hay necesidad de leer este libro. Lo complejo viene cuando usted quiera decir qué revistas, qué periódicos y qué libros compró. Entonces, la coma enumerativa no es suficiente para que el texto quede completamente claro. Por lo tanto, hay que acudir al *punto y coma* (;) como signo enumerativo mayor y a la coma como signo enumerativo menor.

¡Qué barbaridad! ¡Ya le puso jerarquías a esto!

Voy a construir paso a paso el texto, para que usted vea con total claridad cómo es el asunto.

Compré las revistas <u>Cromos</u>, <u>Selecciones</u>, <u>Semana</u> y <u>Hola</u>

Fíjese que hasta aquí estamos ante la misma situación de siempre. ¡Nada nuevo! Hay una enumeración de cuatro elementos análogos, en este caso, cuatro revistas, separadas debidamente con dos comas enumerativas y una *y*. No olvide, sin embargo, que aún nos falta agregar los periódicos y los libros. Voy a escribir primero los periódicos.

los periódicos <u>El País</u>, <u>El Mundo</u>, <u>El Tiempo</u> y <u>El Comercio</u>

Igual. Hasta aquí tampoco hay nada nuevo. Completo, entonces, con la lista de libros.

los libros de Saramago, Mutis, Eco y Calvino

Ahora voy a unir las tres enumeraciones.

Compré las revistas <u>Cromos</u>, <u>Selecciones</u>, <u>Semana</u> y <u>Hola</u>

los periódicos <u>El País</u>, <u>El Mundo</u>, <u>El Tiempo</u> y <u>El Comercio</u>

los libros de Saramago, Mutis, Eco y Calvino

Muy bien. Si los fuéramos a dejar así en columna, el problema estaría resuelto, pero los tenemos que escribir en renglones seguidos como hay que escribir normalmente. ¿Cómo separo la primera lista de la segunda y la segunda de la tercera? La única respuesta válida es: con el *punto y coma*, que es el signo de enumeración mayor, y con la *y*.

Compré las revistas <u>Cromos</u>, <u>Selecciones</u>, <u>Semana</u> y <u>Hola</u>;

los periódicos <u>El País</u>, <u>El Mundo</u>, <u>El Tiempo</u> y <u>El Comercio</u> y

los libros de Saramago, Mutis, Eco y Calvino.

Ahora el párrafo es perfectamente claro. La coma enumerativa separa elementos menores y el *punto y coma* elementos mayores. La coma separa los elementos análogos de cada serie y el *punto y coma* separa las series.

Le doy algunos otros ejemplos.

Vinieron Pepe, Marta, Lucía y Josefina Rodríguez; Luis, Concha y Javier Pérez; José, Alberto y María Paulina Ávila y Luisa, Diana e Iván Rojas.

Esta forma de enumerar le permite a usted ser claro y breve. Claro, porque divide en cuatro series, en este caso, en cuatro familias, la lista de los que vinieron. El lector sabe que los asistentes pertenecen a cuatro familias, la familia Rodríguez, la familia Pérez, la familia Ávila y la familia Rojas. Y breve, porque evita escribir el apellido enseguida de cada uno de los asistentes y lo escribe sólo al final de cada serie.

- *Me enviaron los mapas de España, Estados Unidos, Cuba y Filipinas; las estadísticas de población de América, Europa, Asia y África; fotografías de Santiago de Compostela, San Bernardo del Viento, París, Nueva York, Maguncia y Belén y trece direcciones electrónicas donde se consigue información geográfica al día.*

- *Nuestra empresa necesita secretaria, mensajero y contador; computador, impresora, telefax y cuatro teléfonos fijos; aprobaciones de la Cámara de Comercio, Impuestos Nacionales y Secretaría de Salud y una sede amplia y cómoda.*

El *punto y coma* es, entonces, el signo enumerativo mayor, necesario en enumeraciones complejas donde ya la coma cumple su función como signo enumerativo menor.

Más adelante verá otros usos del *punto y coma*, siempre como signo enumerativo. Por ejemplo, cuando veamos la coma explicativa, le diré que en enumeración de elementos con incisos explicativos hay que usar coma explicativa (para los incisos) y *punto y coma* enumerativo (para separar los elementos análogos), *Pablo, profesor de filosofía; Berta, profesora de inglés; Eustorgio, profesor de mataméticas, y Diana, profesora de siste-*

mas, ya entregaron su informe del último bimestre (ver pg. 63). Y cuando veamos la coma elíptica, le diré que la coma elíptica reemplaza el verbo, por lo que la enumerativa pasa a ser *punto y coma*, para que no se confundan sus funciones, *CNN informó desde el escenario de las operaciones militares; RCN, desde las embajadas y la BBC, desde sus estudios de Londres* (ver pg. 94).

Lo cierto es que el *punto y coma* siempre es enumerativo.

Alcance semántico de la repetición *y*/coma enumerativa

Ahora bien, ¿antes de la *y*, en los ejemplos anteriores, no va ni coma ni *punto y coma*?

No. Si usted escribe coma puede cambiar el significado, porque puede parecer que la frase que va antes de la *y* es un inciso explicativo. Mire el siguiente caso.

Solicité equipo de peluquería, tijeras, silla y cepillos; asesoría profesional, jurídica y contable, y dos estilistas profesionales.

Esa coma que va entre *contable* y la última *y* convierte en inciso explicativo la frase *jurídica y contable*. Lo que solicité fue una asesoría profesional, que, explico en el inciso, debe abarcar lo jurídico y lo contable. Es una sola asesoría. Sin la coma, son tres asesorías, una profesional (de corte de pelo), otra jurídica y otra contable.

Si este sistema de puntuación no permite total claridad en algún texto concreto, hay que solucionarlo reemplazando la última *y* de la serie mayor por otro *punto y coma*. Por ejemplo, en el primero de estos casos, quedaría así:

Compré las revistas <u>Cromos</u>, <u>Selecciones</u>, <u>Semana</u> y <u>Hola</u>;
los periódicos <u>El País</u>, <u>El Mundo</u>, <u>El Tiempo</u> y <u>El Comercio</u>;
los libros de Saramago, Mutis, Eco y Calvino.

Esta última solución sacrifica la fluidez del texto y es innecesaria en la medida en que el paralelismo de las frases hace suficientemente claro el párrafo, pero si a usted le parece mejor, déjelo así. Le insisto en que esta es una solución extrema (reemplazar la *y* por el *punto y coma*). Lo que no debe hacer por ningún motivo es redundar. No escriba coma enumerativa e *y* en el mismo sitio del texto, ni *punto y coma* enumerativo e *y*.

> ## Resumen
> ❖ La coma enumerativa separa elementos análogos de una enumeración.
> ❖ Equivale a la conjunción *y*. Por eso, donde va la *y* no va la coma enumerativa, salvo que se trate de dos oraciones distintas.
> ❖ En enumeraciones complejas, la coma es signo enumerativo menor y el *punto y coma*, signo enumerativo mayor.

La coma circunstancial

En el orden sintáctico que venimos manejando, se escribe primero la esencia o parte determinativa y después los accidentes o complementos circunstanciales. Le he insistido, creo que suficientemente, en que la parte determinativa no tiene comas, salvo que sean enumerativas. Escrita la parte determinativa de la oración o esencia de la idea, se pueden agregar circunstancias de tiempo, lugar, modo, finalidad, causa. Todas ellas siguen teniendo como núcleo el verbo.

Vea el siguiente ejemplo.

Rut dio cruasán a Luis,
PARTE DETERMINATIVA

durante la reciente jornada de solidaridad
COMPLEMENTO CIRCUNSTANCIAL DE TIEMPO

Ya sabe usted que la parte determinativa está compuesta por sujeto (*Rut*), verbo (*dio*), complemento directo (*cruasán*) y complemento indirecto (*a Luis*). Y también sabe que el núcleo es el verbo, pues el sujeto responde a la pregunta *quién dio*; el complemento directo, a la pregunta *qué dio*; el complemento indirecto, a la pregunta *a quién dio*. Pues bien, ahora hay un nuevo elemento, el complemento circunstancial de tiempo, que responde a la pregunta *cuándo dio*. De manera que, al agregar complementos circunstanciales, usted debe seguir con el verbo como punto central de referencia. Y, ¡alerta!, aquí aparece la coma circunstancial, que separa parte determinativa de complemento circunstancial.

En consecuencia, la coma circunstancial es la que separa cada uno de los complementos circunstanciales en el orden sintáctico.

Vea otros ejemplos.

El Gerente del Ingenio Isla Grande entregó muestras gratuitas de nuestros productos a los visitantes, **en la sala de conferencias de la planta purificadora.**

El complemento circunstancial, que le resalto en negrilla, responde a la pregunta *dónde entregó*. Por lo tanto, es complemento circunstancial de lugar. Mire que la coma circunstancial está ahí, antes del complemento.

Viruta y Capulina hicieron reír a Latinoamérica, **gracias a su humor a la vez sencillo y universal.**

Este es el complemento circunstancial de modo (*gracias a su humor a la vez sencillo y universal*), que responde a la pregunta *cómo hicieron reír*. No olvide la coma circunstancial.

Juan se fue del país, **pues veía muy insegura su permanencia.**

La frase *pues veía muy insegura su permanencia* es el complemento circunstancial de causa. Responde a la pregunta *por qué se fue*.

Diferencia entre expresión adverbial y complemento circunstancial

En páginas anteriores le dije que estas circunstancias de tiempo, lugar y modo se pueden expresar con adverbios, caso en el que la circunstancia va al lado del verbo, es una palabra o una frase corta y no lleva comas: *Los rufianes tomaron* **con rapidez** *el botín* (*con rapidez* es circunstancia de modo, *cómo tomaron*, que no va al final separada con coma, sino después del verbo, sin comas), *Mi secretaria me informó* **ayer** *que se había prorrogado el plazo de entrega* (*ayer* es un adverbio que expresa la circunstancia de tiempo), *Los clientes que sean puntuales en sus pagos pueden reclamar* **aquí mismo** *las boletas para la rifa del automóvil* (*aquí mismo* es expresión adverbial de lugar, que debe ir al lado del verbo, sin comas).

¿Cómo distingo, entonces, adverbio de complemento circunstancial? Muy sencillo: por la extensión. Un adverbio es una palabra, *antes, luego, aquí, allá, quizá, no, sí, cómodamente...*, y una frase adverbial no pasa generalmente de dos o tres palabras, *con rapidez, aquí mismo, uno por uno, ad líbitum, in péctore, in statu quo, en septiembre, por si acaso...* En cambio, un complemento circunstancial es una frase larga, *cada vez que marque el 2 en sus llamadas de larga distancia* (complemento circunstancial de tiempo), *por no haber pagado aún su cuota del mes anterior* (complemento circunstancial de causa), *con el objeto de que los supervisores tomen nota del criterio gubernamental* (complemento circunstancial de finalidad)...

¡Ah! El asunto aquí se reduce a lo largo o a lo corto... ¿Y si es una frase como *de puerta en puerta* (cuatro palabras), *una y otra vez* (cuatro), *cada vez que se pueda* (cinco), *sin muestra al-*

guna de misericordia (cinco)? En estos casos le aconsejo que escriba las dos posibilidades y opte por la que tenga más fluidez y biensonancia.

Entre

Nuestros vendedores reparten de puerta en puerta el pan de cada día

y

Nuestros vendedores reparten el pan de cada día, de puerta en puerta

me quedo con la primera, con la oración que incluye la circunstancia de modo como adverbio, sin comas.

Entre

El hombre pateó sin muestra alguna de misericordia a 'Caracortada'

y

El hombre pateó a 'Caracortada', sin muestra alguna de misericordia

¿con cuál se queda usted? ¡Decídalo! Ambas son correctas.

La coma de cada complemento circunstancial

Sigamos adelante.

En una oración puede haber varios complementos circunstanciales. En tal caso, cada uno se separa con coma.

Los jefes de puntos de venta
SUJETO

enviaron   a la Gerencia
VERBO   COMPL. INDIRECTO

sus informes operacionales del primer bimestre del año,
COMPLEMENTO DIRECTO

por solicitud expresa del Director de Recursos Humanos,
COMPLEMENTO CIRCUNSTANCIAL DE CAUSA

para agilizar la elaboración del nuevo plan de Capacitación.
COMPLEMENTO CIRCUNSTANCIAL DE FINALIDAD

Los analistas del Banco de Inversiones que deseen participar en el Concurso de Cuento Breve pueden solicitar las bases, en la Subgerencia Cultural, a partir del próximo lunes a las 8:00 h, sin necesidad de cita previa.

En este último ejemplo hay tres complementos circunstanciales: uno de lugar, que responde a la pregunta *dónde pueden solicitar*; uno de tiempo, que responde a la pregunta *cuándo pueden solicitar*, y uno de modo, que responde a la pregunta *cómo pueden solicitar*.

- *Las actividades programadas para la tercera edad se realizarán en horas de la mañana, en los clubes urbanos*

*de las cajas de compensación familiar, para facilitar el
traslado de los participantes entre su residencia y el lugar
de cada evento.*

- *El señor Pedro Pérez se apoderó de terrenos de la señora
  Josefina Beltrán, con el fin de ampliar el campo de cultivo
  de sus hortalizas, mediante el recurso de ir corriendo
  cada día un metro la cerca.*

- *Uriel entregó un mosquete a cada uno de los facinerosos,
  para que el asalto al tren tuviera éxito, según el plan
  acordado con los jefes de las bandas amigas.*

Alcance semántico de la coma circunstancial

Es importante no perder de vista el verbo del cual se está
diciendo cómo, dónde, cuándo, por qué, para qué, pues muchas
veces se cae en el error de separar con coma frases de un mismo
complemento.

Analice el siguiente caso.

*Los asesores revisarán uno a uno los informes individuales
sobre nuevas plantaciones, para presentar una propuesta
formal, durante el mes de mayo del próximo año.*

Hay dos comas. Por lo tanto, hay dos complementos circunstanciales. Es decir, estoy diciendo para qué revisarán (*para presentar una propuesta formal*) y cuándo revisarán (*durante el mes
de mayo del próximo año*). Si la frase *durante el mes de mayo del
próximo año* aclara cuándo presentarán la propuesta formal y
no cuándo revisarán los informes, no debe ir la segunda coma,

pues hay un solo complemento, el de finalidad, que dice para qué revisarán los informes. Si esa es la idea, debo escribir el texto con una sola coma.

> *Los asesores revisarán uno a uno los informes individuales sobre nuevas plantaciones, para presentar una propuesta formal durante el mes de mayo del próximo año.*

Si usted pierde de vista el verbo, puede escribir instrucciones equívocas o falsas. Observe el siguiente caso.

> *El Banco organiza una reunión para las parejas, el próximo sábado, en la sede campestre.*

Entonces, ¿cuándo es la reunión?

¡Ahí lo dice!

No, señor. Ahí no lo dice. Ahí dice que *organiza* el próximo sábado. También dice que *organiza* en la sede campestre. Yo puedo organizar el próximo sábado en la sede campestre una reunión para dos o tres semanas más adelante, quizá para un jueves por la noche, quizá en alguna de las sedes urbanas... El texto no es preciso porque no se tuvo en cuenta el verbo al agregar los complementos de tiempo y lugar. En realidad, lo que se quería decir no era cuándo y dónde se *organiza*, sino cuándo y dónde se *realiza*, cuándo y dónde *es* la reunión. Sucede con demasiada frecuencia y hay que estar atento a no caer en un error que a la larga es bien tonto y bien fácil de evitar. Para el caso presente la solución puede ser cambiar el verbo.

> *El Banco **realizará** una reunión para las parejas, el próximo sábado, en la sede campestre.*

Ahí sí se dice en los complementos circunstanciales cuándo se *realizará* y dónde se *realizará*, que es lo importante de la comunicación, pues seguramente a nadie le interesará cuándo se *prepara* u *organiza*, ni dónde se *prepara* u *organiza*.

El orden de los complementos circunstanciales

Los complementos circunstanciales no tienen un orden fijo, pero, para evitar confusiones en la lectura, es mejor escribir primero los de tiempo, lugar y modo; después, los de finalidad y causa.

Es más claro

Intercor aumentará su participación accionaria en las minas de carbón del Cerrejón, en el primer semestre del próximo año, por decisión de la Junta Directiva

que

Intercor aumentará su participación accionaria en las minas de carbón del Cerrejón, por decisión de su Junta Directiva, en el primer semestre del próximo año.

porque la segunda versión puede interpretarse como si la decisión de la Junta fuera en el primer semestre del próximo año, que no es la idea. La decisión de la Junta ya se produjo y lo que sucederá en el primer semestre del próximo año es el aumento de la participación accionaria.

Es más claro

Los primeros egresados de periodismo de la Universidad del Sur celebran en la Universidad del Norte su decimoquinto aniversario de graduación que

Los primeros egresados de periodismo de la Universidad del Sur celebran su decimoquinto aniversario de graduación, en la Universidad del Norte

porque la segunda versión puede ser entendida como si el grado hubiera sido hace quince años en la Universidad del Norte, cuando lo que se quiere decir es que la celebración de aniversario será en la Universidad del Norte.

Quizá usted quiera ver un párrafo en el que aparezcan todos los elementos estudiados hasta ahora, sujeto, verbo, complementos directo e indirecto y complementos circunstanciales de modo, tiempo, lugar, finalidad y causa. Aquí lo tiene, con sus respectivas comas.

El Presidente de la Compañía envió seis muestras del nuevo producto a cada uno de los Vicepresidentes de Área, por el sistema interno de mensajería, el pasado mes de enero, en todo el territorio de operación, para que lo conocieran antes del lanzamiento publicitario, por recomendación de los asesores externos internacionales.

Con el verbo *envió* como núcleo, aparece la siguiente información esencial (parte determinativa) sin comas: quién envió (sujeto, *El Presidente de la Compañía*), qué envió (complemento directo, *seis muestras del nuevo producto*) y a quién envió (complemento indirecto, *a cada uno de los Vicepresidentes de Área*). Enseguida, la información accidental, con las respectivas comas circunstanciales: cómo envió (circunstancial de modo, *por el sistema interno de mensajería*), cuándo envió (de tiempo, *el pasado mes de enero*), dónde envió (de lugar, *en todo el terri-torio de operación*), para qué envió (de finalidad, *para que lo conocieran antes del lanzamiento publicitario*) y por qué envió (de causa, *por recomendación de los asesores externos interna-cionales*).

En la vida real no es conveniente escribir párrafos como el anterior, con tantos complementos. Para mayor claridad, tal texto debe desmontarse en dos o tres oraciones cortas. Algo así como

El Presidente de la Compañía envió seis muestras del nuevo producto a cada uno de los Vicepresidentes de Área, por el sistema interno de mensajería. El envío fue hecho el pasado mes de enero, en todo el territorio de operación, por recomendación de los asesores externos internacionales. El propósito de esta operación es que el personal interno lo conozca antes del lanzamiento.

En esta nueva versión del párrafo hay tres oraciones, en cada una de las cuales se sigue el esquema propuesto a lo largo de estas páginas. Necesariamente cada oración retoma un elemen-to anterior para convertirlo en sujeto de la nueva oración. Cada una de las tres oraciones tiene además su verbo y sus comple-mentos, pero en su conjunto expresan la misma idea (en forma más clara) que el párrafo original, donde había una sola ora-ción. Primera oración: *El Presidente envió...* Segunda oración: *El envío fue hecho...* Tercera oración: *El propósito es...*

El orden más claro para escribir en español

Aprovecho aquí para decirle que este orden de la oración del que venimos hablando es el más claro para escribir. Si los párrafos de una carta, informe, novela... siguen este orden (sujeto, verbo, directo, indirecto y circunstanciales; o sujeto, verbo, preposicional y circunstanciales), la carta, informe, novela... quedan clarísimos. Además, si usted toma sus oraciones largas, con exceso de incisos y de complementos circunstanciales y las convierte en oraciones cortas separadas con puntos, estará escribiendo más claro.

Pero, ¿escribe alguien así?

Sí. Aquí le doy algunos botones de muestra.

- *El promedio industrial Dow Jones subió ayer 201,66 puntos, para quedar en 10.940,53 puntos.*
  (*The Wall Street Journal Américas*, 1 de febrero de 2000).

- *La conversación con José Saramago tuvo lugar en el mes de septiembre de 1997, en Lanzarote...*
  (*José Saramago: el amor posible*, Juan Arias, Planeta, 1998).

- *El viejo caudillo suspiró y se acercó a otra ventana, evitando mirarse en el espejo biselado que ocupaba la pared.*
  (*Evita*, Mario Valentino, Ediciones Martínez Roca, 1979).

En los tres párrafos anteriores, ninguno de ellos escrito por mí, va primero la parte determinativa y enseguida un circunstancial separado con coma.

El gerundio y la coma

No sé si usted tenga reservas con el gerundio. Hay escribientes, que no escritores, que le temen al gerundio como si fuera la peste. Lo digo porque en el último de los tres ejemplos anteriores, aparece el gerundio *evitando*. Pues bien, aprovecho para decirle que el uso más certero del gerundio es ese, que diga *cómo*, es decir, que sea adverbio de modo o primera palabra del complemento circunstancial de modo.

Como adverbio de modo, igual que cualquier otro adverbio, va al lado del verbo, sin coma.

- *Juan José Cárdenas camina **silbando** para olvidarse de la crisis.*
- *La Compañía Naviera del Caribe sigue **funcionando**.*
- *Un perro lanoso entró **ladrando**.*

Son tres adverbios de modo, que contestan a las preguntas cómo camina (*silbando*), cómo sigue (*funcionando*) y cómo entró (*ladrando*). Lo cierto es que cuando usted escribe un gerundio (forma verbal terminada en *-ando, -endo*) pegado al verbo, como adverbio de modo, su uso es correcto. Tal gerundio no se separa nunca con coma. Si el gerundio no va pegado al verbo, pero con él se inicia el complemento circunstancial de modo, es igualmente válido. Este gerundio debe ir, como todo complemento circunstancial, separado con coma.

- *El burro logró la atención de su amo, **rebuznando** en estéreo.*
- *Mi amiga Lucero llegó primero, **subiendo** en su ascensor privado.*

- *Diligencie el formulario adjunto a la solicitud, **usando** tinta negra.*

Las frases que comienzan con gerundio en estos tres ejemplos son complementos circunstanciales de modo. Responden a las preguntas cómo logró la atención (*rebuznando en estéreo*), cómo llegó primero (*subiendo en su ascensor privado*) y cómo se debe diligenciar el formulario (*usando tinta negra*).

Cualquier otro gerundio es, por lo menos, sospechoso.

Resumen

❖ La coma circunstancial es la que separa los complementos circunstanciales en el orden sintáctico.

❖ Cada complemento circunstancial se separa con coma.

❖ No conviene agregar a cada oración demasiados complementos. Es preferible construir un párrafo con dos o tres oraciones cortas que una sola oración con exceso de complementos circunstanciales...

❖ El gerundio es adverbio de modo. Si va pegado al verbo no se separa con coma. Si comienza el complemento circunstancial de modo se separa con coma.

La coma sicológica
o psicológica

Muchas veces se cambia el orden del complemento circunstancial. Se escribe al comienzo para destacarlo. Gonzalo Martín Vivaldi llama *psicológico* este orden de la oración, en su libro *Curso de Redacción*, Paraninfo, Madrid, 2000. Entonces, vamos a llamar *psicológica* o *sicológica* esta coma. Antes de ver los ejemplos, le informo que desde 1970, la Academia admite como válidas las formas léxicas *psicológico*, con *p*, y *sicológico*, sin *p*.

Antes de las tres de la tarde de hoy, el informe debe estar sobre mi escritorio.

Se advierte al vuelo que quien solicita el informe tiene urgencia. Por eso, en vez de dejar el complemento circunstancial de tiempo (*antes de las tres de la tarde de hoy*) al final, lo destaca mediante el recurso del orden sicológico. Mire la coma sicológica, que a la larga cumple la misma función de la coma circunstancial, solo que esta separa el complemento circunstancial anticipado. De hecho, una oración puede tener un complemento circunstancial anticipado y otro u otros al final.

*Con mis más sinceros sentimientos, le envío el primer
contado del reembolso correspondiente a los gastos de
reconstrucción de su vivienda, para que pueda satisfacer
algunas necesidades urgentes, mientras nuestro Fondo de
Solidaridad obtiene una mayor liquidez.*

Le destaco en negrilla los tres complementos circunstanciales. Uno de modo, anticipado, separado de la parte determinativa
con coma sicológica, que responde a la pregunta *cómo le envío;*
otro de finalidad, separado con coma circunstancial, que responde a la pregunta *para qué le envío,* y otro de tiempo, separado con otra coma circunstancial, que responde a la pregunta
cuándo le envío.

Este orden es muy frecuente en el primer párrafo de una carta
comercial.

*En respuesta a su consulta del pasado 3 de mayo, le informo
que nuestro servicio de seguro integral sí cubre las pérdidas
por incendio y terremoto, aun en caso de que el siniestro se
presente durante el primer trimestre de vigencia de la póliza.*

Otro comienzo de carta comercial.

*De la manera más comedida, le solicito que se presente en
nuestras oficinas para revisar el estado de sus cuentas y
créditos y llegar a un acuerdo de buena voluntad para
regularizar su relación con el Banco.*

Recurso sintáctico para destacar circunstancias importantes

El orden sicológico de la oración evita que usted escriba la circunstancia que desea resaltar en mayúscula fija, en negrilla o subrayada, que son como gritos disonantes en la comunicación.

En vez de

Puede inscribirse en el Curso de Desarrollo del Potencial Creativo Individual, en nuestras oficinas del centro, ¡SÓLO ENTRE 8:00 H Y 12:00 H DE ESTE LUNES!

use el orden sicológico, y escriba

Sólo entre 8:00 h y 12:00 h de este lunes, puede inscribirse en el Curso de Desarrollo del Potencial Creativo Individual, en nuestras oficinas del centro.

También los escritores empiezan muchas veces sus párrafos con un complemento circunstancial, es decir, usan el orden sicológico de la oración. Note la coma sicológica siempre antes de la parte determinativa.

- *Para pasar el tiempo antes de la comida, metí la canoa en el río y remé lentamente aguas abajo.*

  (*Viajes por Georgia*, John McPhee, *Los periodistas literarios*, El Áncora Editores, 1984).

- *A pesar de que ya se estaba poniendo viejo, el general seguía siendo un hombre temible.*

  (*El retrato*, Juan Gossaín, *La nostalgia del alcatraz*, El Navegante/Tercer Mundo, 1989).

Y también lo hacen los periodistas en las noticias de los diarios.

- *Después de recorrer más de media hora por carretera destapada y sin equipo de seguridad que los escoltara, los empresarios más importantes del país llegaron hasta la sede Nueva Colombia a reunirse con 'Manuel Marulanda Vélez'...*

  (*El Tiempo*, 18 de marzo de 2000).

- *Finalmente el viernes por la noche, Alejandro Santos Rubino aceptó la dirección de la revista Semana.*

  (*Cromos*, 31 de enero de 2000).

A veces se escriben dos complementos circunstanciales antes de la parte determinativa.

En todas las ciudades de Colombia, de un tiempo para acá, se ha desatado una verdadera ola de inseguridad telefónica.

(*Diatriba feroz contra el teléfono*, Juan Gossaín, op. cit.).

Eso sí, no abuse de este recurso. Sobre todo, no escriba todos los complementos circunstanciales al comienzo, porque deja así la esencia, lo más importante, al final, lo que no es conveniente, si se quiere ser totalmente claro en el texto.

Mejor que

El próximo lunes a las tres de la tarde, en el Salón Guayaba de la Empresa, con la presencia del Gerente General de la Compañía, realizaremos la reunión anual en honor a la Mujer Trabajadora vaya al grano, y escriba en orden sintáctico.

La reunión anual en honor a la Mujer Trabajadora tendrá lugar el próximo lunes a las tres de la tarde, en el Salón Guayaba de la Empresa, con la presencia del Gerente General de la Compañía.

El párrafo con suspenso

Ahora, si lo que quiere en su párrafo no es ser totalmente claro, sino crear expectativa y suspenso, nada mejor que escribir todos los complementos circunstanciales al comienzo.

Aquella tarde lluviosa y llena de espesa bruma, en el mismo sórdido callejón donde siempre se encontraba con ella, tal como lo había pronosticado hacía un mes la Bruja de la Calle Catorce, Juan Natilla encontró la llave oxidada que le daría la entrada a la felicidad... o a la muerte.

Resumen

❖ La coma sicológica va después del complemento circunstancial anticipado, antes de la parte determinativa.

❖ El orden sicológico sirve para destacar una circunstancia.

❖ No conviene abusar de los complementos circunstanciales anticipados.

Las comas explicativas

Llegamos a una parte muy importante y no siempre bien entendida. Muchas veces se dice que lo que se puede quitar del texto sin afectar su significado va entre comas explicativas. Y, aunque eso es parte de la verdad, el asunto no es así de simple. Si usted escribe *Yo sí quiero tomar sopa caliente con cilantro*, puede suprimir *yo*, puede suprimir *sí*, puede suprimir *caliente*, pero no por ello *yo*, *sí* y *caliente* son incisos explicativos y, por supuesto, a nadie se le debe ocurrir escribir esos vocablos entre comas en este caso de la sopa.

Pues bien, las comas explicativas encierran incisos explicativos y equivalen a los paréntesis y a las rayas, llamadas también guiones mayores. La oración con inciso o incisos se llama *oración explicativa*.

El inciso explicativo

¿Qué son los incisos explicativos? Son palabras, frases u oraciones que explican con otras palabras lo que ya se dijo. Muchas veces son expresiones redundantes añadidas con el fin de que el texto quede completamente claro.

Gonzalo Jiménez de Quesada, *fundador de Santa Fe de Bogotá,* **escribió el Antijovio.**

En este caso, la frase *fundador de Santa Fe de Bogotá* es un inciso, que va entre comas y que se puede quitar sin afectar el significado. Da lo mismo escribir *Gonzalo Jiménez de Quesada* o escribir *el fundador de Santa Fe de Bogotá.* Por eso le digo que el inciso redunda en lo que ya se dijo. Al decir *redunda* no quiero decirle que sea un error. La redundancia correcta se llama *pleonasmo,* que no es error, sino figura de construcción, por lo que esto vendría a ser un pleonasmo más que una redundancia.

El autor del Quijote fue herido en Lepanto es lo mismo que **Miguel de Cervantes Saavedra fue herido en Lepanto,** lo mismo que **Miguel de Cervantes Saavedra,** *autor del Quijote,* **fue herido en Lepanto** y lo mismo que **El autor del Quijote,** *Miguel de Cervantes Saavedra,* **fue herido en Lepanto.** Las cuatro oraciones dicen lo mismo. En las dos últimas hay incisos explicativos entre comas.

Si esto está claro, verá usted que es un error escribir

El ingeniero de sistemas de la Universidad del Sur, *Juan Pérez,* **fue contratado por IBM**

puesto que Juan Pérez no es el único ingeniero de sistemas de la Universidad del Sur y no da lo mismo escribir *Juan Pérez fue contratado por IBM* que *El ingeniero de sistemas fue contratado por IBM.* En el primer caso se sabe quién, en el segundo caso no. La oración anterior es determinativa, no explicativa. Debe escribirse así: *El ingeniero de sistemas de la Universidad del Sur Juan Pérez fue contratado por IBM.* Sin comas.

Mientras

Juan Salazar, *abogado comercial,* ***viene por la tarde***

es explicativa, y el inciso va entre comas,

El abogado comercial Juan Salazar viene por la tarde

es oración determinativa, y va sin comas. ¿Por qué? Aquí viene a cuento que el inciso explicativo se puede eliminar sin cambiar el significado de la oración. En la primera versión, usted puede eliminar el inciso, la frase entre comas, *abogado comercial,* y la oración queda con sentido completo: ***Juan Salazar viene por la tarde.*** En el segundo caso no puede eliminar *Juan Salazar,* pues la oración queda ***El abogado comercial viene por la tarde*** y, en la medida en que hay varios abogados comerciales, se perdió buena parte de la información. Cambió el significado. Por eso es incorrecto escribir ***El abogado comercial,*** *Juan Salazar,* ***viene por la tarde.*** Sobran las comas.

Ahora, un principio claro es que el inciso explicativo siempre va después de lo que explica. Nunca antes. Por eso, en el último ejemplo, ***El abogado comercial Juan Salazar viene por la tarde,*** no se debe escribir coma después de *comercial* con el argumento de que *El abogado comercial* es un inciso, que como tal se debe separar con coma.

Diferencia semántica entre determinativa y explicativa

Fíjese bien si lo que escribe determina o explica. Tome la oración ***El senador colombiano por el partido liberal Pedro Pérez***

Pereira apoyó el proyecto. El (hay tres millardos de hombres en el mundo, así que no ha determinado todavía) *senador* (ya determinó bastante, pues no hay muchos senadores; por ahí, unos cuantos miles) *colombiano* (determinó más, pues solo hay un centenar) *por el partido liberal* (determinó aun más, porque del centenar, solo la mitad son liberales) *Pedro Pérez Pereira* (ahí ya determinó el sujeto de la oración). Como lo que sigue es el verbo, y no se deben separar con coma sujeto y verbo, la oración queda sin comas. Es determinativa.

Ahora, si comienza *Pedro Pérez Pereira,* ya determinó el sujeto y lo que sigue antes del verbo es un inciso explicativo: *Pedro Pérez Pereira, senador colombiano por el partido liberal, apoyó el proyecto.* El inciso explicativo se puede quitar sin afectar el significado: *Pedro Pérez Pereira apoyó el proyecto.*

El inciso puede explicar el sujeto, el complemento directo, el indirecto o cualquier sustantivo de la oración. Es siempre una palabra, frase u oración que va enseguida de aquello que se quiere explicar. En estos ejemplos le estoy escribiendo los incisos en letra delgadita y el resto de la oración en negrilla. Lo hago así para que usted haga la prueba de quitar la letra delgadita, el inciso, y compruebe que lo quitado no es esencial, que su ausencia no afecta el significado de la oración. Que lo que queda en letra negrilla es suficiente, y no pierde sentido sin su inciso.

Enrique Enríquez, *locutor estrella de la radio,* **tiene alta sintonía en Orlando,** *Florida.*

Si el inciso va al final, obviamente no va entre comas, sino entre la coma explicativa y el punto final de la oración.

- **El Gerente General de FAGO,** Hernán Santacoloma, **envió tres disquetes básicos a la Gerente General de Celulares Ltda.,** *Lucero Pérez.*

- **El Presidente de la República Bolivariana de Venezuela,** Hugo Chávez, **saludó por la radio a los habitantes de San Antonio,** *Táchira.*

- **Supermán,** el Hombre de Acero, **no puede acercarse a la criptonita verde,** *única substancia que le hace perder la fuerza.*

Los incisos notariales

Un inciso puede ser múltiple, y tener dentro de sí comas enumerativas.

Álvaro Álvarez Alvarado, *ciudadano ecuatoriano, con sociedad conyugal vigente, vecino de la ciudad de Quito, de profesión contador público, empleado de Ecuatrol S.A.,* **se declaró inocente.**

Los documentos legales, de juzgado, de notaría, suelen escribirse con párrafos como el del ejemplo anterior. Observe que la esencia *Álvaro Álvarez Alvarado se declaró inocente* tiene en medio un inciso múltiple. Las comas explicativas son las que van después de *Alvarado* y de *Ecuatrol S.A.* Las demás comas son enumerativas. Le decía unos párrafos atrás que las comas explicativas equivalen a los paréntesis. En el último ejemplo es claro que sólo esas dos se podrían cambiar por paréntesis. Las demás siguen siendo comas, porque las demás son enumerativas. En tal caso, el texto quedaría como sigue.

Álvaro Álvarez Alvarado *(ciudadano ecuatoriano, con sociedad conyugal vigente, vecino de la ciudad de Quito, de profesión contador público, empleado de Ecuatrol S.A.)* **se declaró inocente.**

Sin embargo, no es necesario escribirlo así. Con las comas está bien. Más adelante le voy a decir cuándo usar paréntesis y/o rayas, en vez de comas explicativas.

En un sentido amplio, *inciso explicativo* es toda palabra, frase u oración que interrumpe el discurso normal. A veces se trata de complementos circunstanciales que se adelantan a la parte determinativa. En el siguiente caso, el complemento circunstancial de tiempo, en vez de ir al final de la parte determinativa como le he dicho que conviene hacerlo para la mayor claridad del texto, va antes, como inciso explicativo y, por supuesto, entre comas.

Los tenores más cotizados del mundo cantarán, *el próximo lunes 8 de abril a las tres y media de la tarde,* **obras de Donizetti, Mozart y Verdi.**

Otros ejemplos. Le escribo los incisos en letra delgadita, para que usted haga el ejercicio de eliminar esas frases y comprobar que el texto escrito en negrilla mantiene su cabal significado.

- **Me inicié en Radio Melodía,** *la que manda en sintonía, donde apenas permanecí dos meses.* **Recuerdo que un día,** *presa de los nervios frente al micrófono,* **dije que se había producido un asalto a una joyería y que los cacos habían huido en un carro verde de color carmelita.**
  (*Los días del Díaz,* Germán Díaz Sossa, 1992).

- *Aquel tahúr, en cuyas manos florecían por encanto los pókares de ases y las escaleras de flor, **condujo a su rival hacia oscuros pasadizos de un laberinto de dobladas y tripletas de obligante progresión.***

(*Pero sigo siendo el rey*, David Sánchez Juliao, Plaza & Janes, 1983).

La relación inexistente entre coma explicativa y conjunción *y*

Antes de seguir con más ejemplos, le quiero hacer una pregunta: ¿Qué tienen que ver las comas explicativas con la conjunción *y*? La respuesta es: Nada. ¡Absolutamente nada! Por eso, cuando un inciso queda antes de una conjunción *y*, debe marcarse la coma que cierra el inciso, sin ningún temor por su cercanía con la *y*. Recuerde que las comas explicativas no equivalen a la *y*, como las enumerativas, sino a los paréntesis y a las rayas. Ahora sí continúo con los ejemplos. Los incisos van en letras delgaditas.

María Marrugo, *profesora de la escuela primaria de Islas del Rosario,* **y Pedro Manjarrés,** *rector de la Normal de Cartagena,* ***ya están analizando el Nuevo Estatuto Docente y su aplicabilidad en la Costa Caribe.***

Si no marca la coma después de *Rosario*, parece que María Marrugo es profesora y además es Pedro Manjarrés. Absurdo, ¿no? Como las comas explicativas equivalen al paréntesis en su función sintáctica, le voy a cambiar las comas por paréntesis, para que vea la validez de las comas.

María Marrugo (profesora de la escuela primaria de Islas del Rosario) y Pedro Manjarrés (rector de la Normal de Cartagena) ya están analizando el Nuevo Estatuto Docente y su aplicabilidad en la Costa Caribe.

¿Dejaría usted de marcar el paréntesis que va después de *Rosario*? ¡Ni loco! Pues bien. Así como después de *Rosario* tiene que cerrar paréntesis, sin que la presencia de la *y* lo impida, debe marcar la coma explicativa, que cumple la misma función sintáctica del paréntesis. Más claro: si usted no escribe la coma explicativa antes de la *y*, el texto adquiere otro significado. Observe el siguiente caso.

La Directora del Periódico Médico, Natalia Ortega, y un asesor gramatical están corrigiendo las pruebas tipográficas.

Con las dos comas explicativas, *Natalia Ortega* es un inciso que se puede quitar sin afectar el significado. Sin él, queda así: *La Directora del Periódico Médico y un asesor gramatical están corrigiendo las pruebas tipográficas.* ¿Cuántas personas están corrigiendo las pruebas? Dos. ¿Y qué se hizo Natalia Ortega? Ella es la Directora. Si no escribe la coma que va antes de la *y*, el significado cambia. Ya no hay inciso. Ahora hay enumeración.

La Directora del Periódico Médico, Natalia Ortega y un asesor gramatical están corrigiendo las pruebas tipográficas.

¿Cuántas personas hay aquí? Tres. ¿Por qué? Porque la única coma que quedó se volvió enumerativa. Ahora Natalia no es la Directora. Los correctores son *la Directora* (que no se sabe cómo se llama), *Natalia* (que sí se sabe cómo se llama, pero no qué cargo tiene) y *un asesor*. Son tres. Cambió el significado. No se puede quitar la coma explicativa por el hecho de que vaya antes de una *y*.

La coma y el significado del párrafo

De manera que, según lo visto aquí, el asunto de escribir comas o no escribirlas tiene que ver con el significado del texto y no con la estética del párrafo, ni con el ritmo respiratorio del eventual lector en voz alta. Le voy a dar ejemplos donde cambia la puntuación y entre paréntesis le sugiero el cambio de significado.

- *Mi secretaria Pepa Fuentes y yo resolvimos el problema* (sin comas. Lo resolvimos los dos. Además, tengo más secretarias).

- *Mi secretaria, Pepa Fuentes y yo resolvimos el problema* (con una coma. Lo resolvimos tres. Pepa Fuentes no es mi secretaria. No se sabe cómo se llama mi secretaria. Quién sabe si tenga más secretarias; tal vez no).

- **Mi secretaria**, *Pepa Fuentes*, **y yo resolvimos el problema** (las dos comas son explicativas. Tengo una sola secretaria, que se llama Pepa Fuentes. Lo resolvimos los dos).

- *Mi secretaria, Pepa, Fuentes y yo resolvimos el problema* (las dos comas son enumerativas. Lo resolvimos cuatro personas).

> ## Resumen
>
> ❖ Las comas explicativas encierran los incisos de la oración.
> ❖ Inciso es la palabra, frase u oración que explica algún sustantivo, cortando la secuencia lógica del texto.
> ❖ Las comas explicativas equivalen sintácticamente a los paréntesis.

Las oraciones subordinadas explicativas

Muchas veces los incisos explicativos crecen y llegan a ser oraciones completas, con sujeto, verbo, complemento... Es ahí cuando se habla de *oración subordinada explicativa*. ¿Subordinada a qué? Subordinada a una oración principal. De manera que el párrafo tiene dos partes: una oración principal y una oración subordinada explicativa. Esta última está separada con coma explicativa. Como generalmente con ella termina el párrafo, usualmente la oración subordinada explicativa no va entre comas, pero sí se separa de la principal con coma explicativa.

Subordinada explicativa con sustantivo inicial

Le escribo en letra delgadita la oración subordinada explicativa.

- *El Vicepresidente de Mercadeo diseñó las líneas generales de la campaña publicitaria del próximo año, momento en el que nuestra empresa llegará por primera vez con sus productos a los mercados africano y asiático.*

- **El diario <u>El País</u> de Madrid editó el <u>Libro de estilo</u>,** *manual de gran utilidad para elaborar noticias y reportajes con acierto.*

- **Jorge Enrique Pérez ofreció ayuda financiera a José Luis Otálora,** *empresario que siempre ha dado muestras de un excelente manejo de las responsabilidades comerciales a su cargo.*

En los tres ejemplos anteriores, la oración subordinada explicativa comienza con un sustantivo (*momento / manual / empresario*) que retoma el último sustantivo de la oración principal (*año / Libro de estilo / José Luis Otálora*). Esta conexión es importantísima para la correcta interpretación del párrafo. No haga conexiones del estilo *Juan Pérez salió a pasear con su bebé, hombre que tiene treinta años,* donde el sustantivo inicial de la oración subordinada (*hombre*) no se refiere al último sustantivo de la oración principal (*su bebé*), sino al primero (*Juan Pérez*). Cualquier lector advertirá el error, y reirá con el resultado semántico del texto: un bebé de treinta años.

Subordinada explicativa con pronombre *que* inicial

- **La ciudad de Sevilla,** España, *recibió su mayor flujo de turistas con motivo de las celebraciones del quinto centenario del encuentro de dos mundos,* **según informó Efe,** <u>que</u> *lidera los servicios de información en el mundo hispano.*

- *José Arteaga escribió una muy completa historia de la salsa, <u>que</u> destaca la labor creativa y artística de voces como Celia Cruz, Héctor Lavoe y Rubén Blades.*

- *La nueva sección de televisión será presentada por la Señorita Colombia y segundo lugar en Miss Universo Paola Turbay, <u>que</u> goza de la simpatía de las nuevas generaciones y del público más exigente.*

Le solicito especial atención a los tres ejemplos anteriores, pues esta es una posibilidad muy frecuente de párrafo con oración principal y oración subordinada explicativa. En este caso, la oración subordinada explicativa empieza con el pronombre *que* (lo subrayo en los tres casos). Este pronombre es sencillo, correcto y universal, pues sirve para persona, animal o cosa. Muchos redactores huyen de él, porque les suena vulgar, y acuden a los pronombres *quien* (en el caso de Paola), *la cual* (en el caso de la *Efe* y la historia de la salsa), *el cual, la cual, los cuales, las cuales, quienes,* lo que constituye rebuscamiento innecesario.

Piérdale el miedo al pronombre *que*.

Quienismo y elcualismo empresariales

Algunos gramáticos hablan del *quienismo*, error que consiste en escribir *quien* al comienzo del inciso explicativo referido a persona (*Juan Pérez saludó a Luiz Zabala, <u>quien</u> es cantante*) o cuando decididamente es error porque no se refiere a persona (*El Banco invirtió en la Textilera Nacional, <u>quien</u> podrá así ampliar sus mercados*). En esa línea hay que hablar también del *elcualismo*, rebuscamiento típico de los informes empresariales, donde es casi sagrado escribir *el cual, la cual, los cuales, las cuales*, en vez del correcto *que*. El *Diccionario de la lengua española* 1992 (DRAE 92) ofrece como ejemplo correcto de este uso la frase *Su Majestad el Rey, que Dios guarde* y yo muchas veces he tenido que acudir al conocido *Padre nuestro, que estás en los cielos...*, que de haber sido redactado en una oficina bancaria diría *Padre nuestro, el cual estás en los cielos...* o, en el mejor de los casos, *Padre nuestro, quien estás en los cielos...* Si algo se les puede aprender a los escritores avezados es el uso del pronombre *que*, sin miedo, en el inicio de incisos y de oraciones subordinadas explicativas.

- *Antes de un año, la vida del pintor, de la mujer clarividente que no puso la carta y de la bella Estefanía, que nació en abril, se había resuelto de pronto.*

  (*El alquimista en su cubil*, 1980, Gabriel García Márquez, *Notas de prensa 1980-1984*, Norma, 1996).

- *He pasado años escuchando a antiguos y desalienados comunistas como el venezolano Teodoro Petkoff, los españoles Jorge Semprún y Fernando Claudín o el cubano Carlos Franqui, que buscan explicarse este fenómeno histórico...*

  (*La llama y el hielo*, Plinio Apuleyo Mendoza, op. cit.).

El uso válido de los pronombres relativos

Entonces, ¿para qué sirven los pronombres relativos *el cual, la cual, los cuales, las cuales, quien, quienes, cuyo, cuya, cuyos, cuyas*?

Sirven para escribir oraciones subordinadas explicativas que empiecen por preposición. Advertirá usted que estoy aquí más en el terreno del estilo que de la gramática, pero le recomiendo que siga estas instrucciones para hacer de sus textos algo verdaderamente grato, aparte de claro.

- *La Superintendencia del Subsidio Familiar revisará pormenorizadamente los rubros destinados a publicidad internacional por las Cajas, a cuyo cuidado está la más pulcra destinación de los dineros de los trabajadores.*

- *Rafael Escalona fue conocido en el altiplano cundiboyacense por las interpretaciones que de sus canciones hicieron Bovea y sus vallenatos, por quienes hay nostalgia y estima entre cuarentones y cincuentones del interior del país.*

- *Cada persona que desee abrir su cuenta corriente debe traer su documento de identificación personal, sin el cual es imposible adelantar cualquier operación definitiva.*

Los pronombres relativos distintos de *que* van perfectamente bien en oraciones explicativas que empiezan con preposición. En los tres casos anteriores, las oraciones subordinadas explicativas empiezan con las preposiciones *a, por* y *sin*.

En los demás casos, lo recomendable es usar *que*.

La enumeración con incisos explicativos

Entre las muchas combinaciones de comas que se pueden dar, una de las más frecuentes es la de explicativas y enumerativas. Ya le mostré (ver pg. 67) un caso en el que el inciso es múltiple, **Álvaro Álvarez Alvarado,** *ciudadano ecuatoriano, con sociedad conyugal vigente, vecino de la ciudad de Quito, de profesión contador público, empleado de Ecuatrol S.A.,* **se declaró inocente,** pero el caso complejo es el de la enumeración con incisos explicativos, donde hay que acudir al *punto y coma* (ver pg. 39) como signo enumerativo, y dejar la coma como signo explicativo.

> **María Montes,** *secretaria ejecutiva;* **Marta Lara,** *contadora pública;* **Jacinta López,** *abogada comercial,* **y** **Juanita García,** *comunicadora social,* **ocuparán los siguientes cuatro escritorios.**

Esta es la puntuación que debe tener el párrafo. Le voy a explicar cómo se llega a ella. Para comenzar, le voy a escribir el párrafo de la manera más simple, sin incisos explicativos, y con sólo los elementos enumerativos que están separados con dos comas enumerativas y con la *y.*

> **María Montes, Marta Lara, Jacinta López y Juanita García ocuparán los siguientes cuatro escritorios.**

Ahora voy a agregarle los incisos con sus respectivas comas. Para que me entienda el proceso, le voy a escribir las comas explicativas delgadas y las enumerativas gruesas.

> **María Montes,** *secretaria ejecutiva,,* **Marta Lara,** *contadora pública,,* **Jacinta López,** *abogada comercial,* **y** **Juanita García,** *comunicadora social,* **ocuparán los siguientes cuatro escritorios.**

Obviamente esto no lo puedo hacer en la vida real. No puedo escribir dos comas seguidas. Mire usted los dos sitios de este párrafo donde coinciden las dos comas, después de *ejecutiva* y después de *pública*. Pues ahí es donde va *punto y coma*, signo que asume, entonces, las dos funciones: cierra el inciso y separa el elemento análogo de la enumeración. Para que el asunto quede más claro, le voy a escribir el mismo párrafo otra vez, pero esta vez con los incisos explicativos entre paréntesis.

> ***María Montes*** *(secretaria ejecutiva),* ***Marta Lara*** *(contadora pública),* ***Jacinta López*** *(abogada comercial)* ***y*** ***Juanita García*** *(comunicadora social)* **ocuparán los siguientes cuatro escritorios.**

El asunto es tan preciso que usted puede cambiar cada paréntesis de este párrafo por una coma explicativa y cada paréntesis + coma enumerativa por un *punto y coma*. Tendría así la versión correcta, que es la que escribí al comienzo.

> ***María Montes,*** *secretaria ejecutiva;* ***Marta Lara,*** *contadora pública;* ***Jacinta López,*** *abogada comercial,* ***y Juanita García,*** *comunicadora social,* **ocuparán los siguientes cuatro escritorios.**

Más ejemplos.

- *Avianca, empresa aérea colombiana; Nestlé, multinacional holandesa; Merck, laboratorio de origen alemán, y otras importantes empresas apoyan el proyecto.*

- *Nelson Reyes, agrónomo de 33 años; María de Reyes, odontóloga de 25; Nicanor Santacruz, ingeniero de 67, y*

Susana de la Torre, secretaria de 40, tienen a su cargo la organización del certamen.

- *Aparecen en la foto, de izquierda a derecha, Rafael Santos y Enrique Santos, Directores de El Tiempo; Alberto Casas Santamaría, ex Ministro de Cultura; Yamid Amat, Director de Caracol Noticias; María Emma Mejía, ex Canciller, y la anfitriona, Lucía Náder.*

El uso del paréntesis en vez de la coma explicativa

Le he venido diciendo que las comas explicativas equivalen a los paréntesis. Ahora bien, ¿esa equivalencia significa que usted puede escoger entre comas explicativas y paréntesis por simple gusto? No. La equivalencia es sintáctica. Las comas explicativas, los paréntesis y las rayas sirven para encerrar incisos explicativos, pero cada uno de esos signos tiene su uso diferenciado.

Se usan paréntesis para indicar referencias bibliográficas. Vea los ejemplos que siguen.

- *"El maestro Bonilla no pretendía más que ofrecer una versión tropical de las redes, las barcas y los pescadores de Galilea, pero produjo un óleo de brutal sensualidad, con recios hombres de mar, que eran a todas luces más cuerpo que alma" (Lejos de su tótem particular, Fernando Ávila, inédito, 2000).*

- *Por mandato constitucional, las lenguas indígenas y las lenguas criollas colombianas tienen reconocimiento de lengua oficial en las comunidades que las usan, igual que el español (cfr.* Constitución Política de Colombia, *Artículo 10).*

Observe usted que, cuando la cita es directa (entre comillas), se escribe la fuente entre paréntesis y, cuando la cita es indirecta (sin comillas), se escribe *cfr.*, que significa 'confrontar', y enseguida, la fuente. Cuando un inciso explicativo va dentro de otro, este se escribe entre comas y aquel, entre paréntesis. En este mismo párrafo que está leyendo está el ejemplo. Vea que las frases *entre comillas* y *sin comillas* están entre paréntesis, porque son incisos dentro de incisos más grandes que ya estaban entre comas. Le doy otro ejemplo.

Trajo zapatos de suela de caucho, que son los apropiados para el fútbol (si se juega en superficie lisa), y pantaloneta ancha.

Se escriben entre paréntesis las fechas de nacimiento y muerte de un personaje histórico.

Daniel Defoe (1659-1731) es el autor de Robinsón Crusoe...

o del período de gobierno de un mandatario

- *El mandato del conservador Guillermo León Valencia (1962-1966) estuvo marcado por hechos pintorescos, como el ¡viva España! en la bienvenida a De Gaulle.*

- *A pesar del veto del Emperador Carlos V, la Iglesia fue gobernada por Paulo IV (1555-1559), en años finales del Concilio de Trento.*

En revistas y otras publicaciones periódicas se está usando cada vez más escribir la edad del personaje entre paréntesis.

- *Margarita Rosa de Francisco (34) protagoniza <u>La Caponera</u>, telenovela basada en el relato de Juan Rulfo <u>El gallo de oro.</u>*

- *Jim Carrey (31) quiere convertir a Renne Zellweger en su tercera esposa.*

Recuerde que la coma, el *punto y coma* o el punto van después del paréntesis de cierre; no antes.

El uso de la raya en vez de la coma explicativa

El otro signo explicativo es la raya o guion mayor. Se usa cuando dentro de una cita se hace una acotación. Esta acotación es un inciso explicativo que no forma parte de la cita, por lo que no puede ir entre comas explicativas.

"Estaba en la heladería de doña Pepa, cuando llegó el forajido de Luis con sus propuestas indecentes de siempre —dijo mientras lloraba de rabia—, y me propuso la fuga para esa misma noche..."

Tenga en cuenta que, en los diálogos de las novelas, el parlamento se inicia con una raya. Si dentro de ese parlamento hay una acotación, esta acotación va entre rayas. Observe cómo la palabra *bromeé* quedó entre rayas explicativas dentro de un parlamento iniciado con raya, en la página 141 de *El peregrino de Compostela*, que le transcribo enseguida.

—*Descubrí cómo Agatha Christie escribe sus novelas policíacas* —bromeé—. *Ella transforma la hipótesis más errada en la hipótesis correcta. Ella debió de haber conocido el Ejercicio de las Sombras.*

(*El peregrino de Compostela*, Paulo Coelho, Planeta, 1989).

Así debe hacerse siempre en estos casos.

—*Lo que pasa es que estás débil* —le dijo—. *Anda, no llores más, báñate con agua de salvia para que se te componga la sangre.*

(*La increíble y triste historia de la cándida Eréndira y su abuela desalmada*, 1972, Gabriel García Márquez, *Cuentos 1947-1992*, Norma, 1996).

No olvide que la raya es más grande que el guion.

Cambios semánticos que producen las comas explicativas

Antes de pasar a las siguientes comas, quiero insistirle en las consecuencias semánticas de la puntuación. Si usted no escribe comas explicativas donde ellas deben ir, el texto puede pasar a significar otra cosa. Observe los siguientes casos.

- *Mi hijo, Andrés, vino a jugar basquetbol* (tengo un solo hijo. Si se quita el inciso queda *Mi hijo vino a jugar basquetbol*, caso en el que no tengo más hijos).

- *Mi hijo Xavier Santiago vino a navegar* (tengo más hijos. Cabría agregar *y mis otros hijos se quedaron en la casa*).

- *Juan Valverde y su esposa, Lucero Alta Mira, inauguraron su barra de chocolate <u>El halcón Mateo</u>* (Juan Valverde tiene una sola esposa).

- *Al Babá y su esposa Adalgiza inauguraron su sala de danzas <u>El vientre al aire</u>* (Al Babá es ciudadano de un país donde la poligamia está permitida. Adalgiza es una de sus esposas).

Lo grave es escribir el ejemplo de Juan Valverde sin comas, pues con esa puntuación, Lucero Alta Mira no es su única esposa, sino una de sus esposas. Y digo grave, porque posiblemente su entorno social prohíbe la poligamia, con lo que lo estoy calumniando flagrantemente.

- *En el 2000 obtuvimos noventa millones de dólares. En el 2001 obtuvimos cien millones más que el año anterior* (sin comas, en el 2001 obtuvimos ciento noventa millones de dólares).

- *En el 2000 obtuvimos noventa millones de dólares. En el 2001 obtuvimos cien millones, más que el año anterior* (con coma explicativa, en el 2001 obtuvimos cien millones de dólares).

Vea qué coma tan costosa. La diferencia entre uno y otro texto es de noventa millones de dólares. ¡Como para pensarlo!

- *Mi amiga, Magdalena Pérez, me dio un obsequio* (sólo tengo una amiga).

- *Mi amiga Magdalena Pérez me dio un obsequio* (tengo más amigas).

- *Las rosas que tienen espinas me gustan más* (las que no tienen espinas me gustan menos).

- *Las rosas, que tienen espinas, me gustan más* (todas las rosas tienen espinas. Las rosas me gustan más que las margaritas, los gladíolos, los girasoles y los cartuchos).

- *Su hermano que vive en Miami le mandó cien dólares* (los que viven en Nueva York, San Francisco y Los Ángeles no le enviaron nada).

- *Su hermano, que vive en Nueva York, le mandó cien dólares* (no tiene más hermanos).

- *Margarita Rosa de Francisco, La Caponera y Miguel Varoni brindaron por <u>El gallo de oro</u>* (brindaron tres).

- *Margarita Rosa de Francisco, La Caponera, y Miguel Varoni brindaron por <u>El gallo de oro</u>* (brindaron dos. Margarita Rosa de Francisco es La Caponera).

- *El Director de <u>El Espectador</u>, Carlos Lleras de la Fuente, el Director de <u>Semana</u>, Alejandro Santos, el Presidente del Canal <u>Caracol</u>, Ricardo Alarcón y un testigo firmaron la alianza estratégica* (hay siete firmas).

- *El Director de <u>El Espectador</u>, Carlos Lleras de la Fuente; el Director de <u>Semana</u>, Alejandro Santos; el Presidente del Canal <u>Caracol</u>, Ricardo Alarcón, y un testigo firmaron la alianza estratégica* (hay cuatro firmas).

Resumen

❖ Las comas explicativas encierran incisos explicativos.

❖ También separan la oración subordinada explicativa de la oración principal.

❖ Equivalen sintácticamente a los paréntesis y a las rayas.

❖ No tienen nada que ver con la conjunción *y*.

❖ En enumeración de explicativas, la coma enumerativa pasa a ser *punto y coma*.

La coma adversativa

La coma adversativa separa la oración subordinada adversativa de la oración principal. Las oraciones subordinadas adversativas comienzan con las conjunciones adversativas *aunque, aun cuando, mas, pero, pese a, a pesar de* y *sino*. Las conjunciones *aunque, aun cuando, mas, pero, pese a* y *a pesar de* restringen lo dicho en la oración principal. *Sino* da una alternativa a la negación de la oración principal. En general, las conjunciones adversativas sirven para indicar oposición o diferencia entre las oraciones que unen. La coma que separa la oración principal de la oración subordinada adversativa se llama coma adversativa.

- *Las carpetas están listas desde el viernes pasado,* **aunque** *nos las habían encargado para dentro de dos semanas.*

- *Las carpetas están listas desde el viernes pasado,* **mas** *nadie ha venido por ellas.*

- *Las carpetas están listas desde el viernes pasado,* **pero** *nadie ha venido por ellas.*

- *Las carpetas no fueron diseñadas para uso bajo agua,* **sino** *para darles un trato más o menos normal en tierra.*

Tal vez usted quiera simplificar el asunto: siempre va coma antes de *aunque, aun cuando, mas, pero, pese a, a pesar de* y *sino*. De acuerdo. Esta vez le concedo que está en lo cierto, pero permítame ampliarle la información.

La coma adversativa y *aunque, aun cuando, pese a* y *a pesar de*

Aunque, aun cuando, pese a y *a pesar de* son las únicas de estas conjunciones que permiten cambiar el orden de las oraciones, y escribir primero la subordinada.

- *Aunque nos las habían encargado para dentro de dos semanas, las carpetas están listas desde el viernes pasado.*

- *Aun cuando nos las habían encargado para dentro de dos semanas, las carpetas están listas desde el viernes pasado.*

- *Pese a que nos las habían encargado para dentro de dos semanas, las carpetas están listas desde el viernes pasado.*

- *A pesar de que nos las habían encargado para dentro de dos semanas, las carpetas están listas desde el viernes pasado.*

En estos casos, debe escribir también la coma adversativa, para separar las dos oraciones, aunque esta coma no quede ya antes de la conjunción adversativa, sino antes de la oración principal.

He aquí más ejemplos.

* *Yo no había leído aún a Camilo José Cela,* **aun cuando** *mi profesor de Español me lo había recomendado vivamente.*

* **Pese a** *que mi profesor de Español me lo había recomendado vivamente, yo no había leído aún a Camilo José Cela.*

* *Sigo sin leer a Camilo José Cela,* **a pesar de** *la insistencia de mi profesor de Español.*

¿Por qué el *aun* de *aun cuando* va sin tilde y el *aún* de *leído aún* va con tilde? Aunque este es un aspecto ortográfico, que se sale del marco del presente libro, le recuerdo que hay tres *aun*: conjunción adversativa, sin tilde, que va siempre en la frase **aun cuando**; preposición equivalente a *hasta*, sin tilde (*vinieron todos,* **aun** *sus amigos de colegio*), y adverbio de tiempo, con tilde (**aún** *no ha llegado la profesora*). Y ya que abrimos este paréntesis, le recuerdo antes de cerrarlo que la conjunción *mas* va sin tilde, para distinguirla del adverbio de cantidad *más*, que sí lleva tilde (*quería* **más** *papas fritas,* **mas** *no tenía dinero para otro paquete*). Son casos de acento diacrítico.

La coma adversativa y las conjunciones *pero* y *mas*

Pero y *mas* son sinónimos. Estas conjunciones sirven para restringir lo dicho en la oración principal con lo que se agrega en la subordinada.

* *Los damnificados por el invierno lo perdieron todo,* **pero** *el Gobierno del presidente Chávez adelanta planes*

concretos para la reconstrucción de las zonas venezolanas
destruidas.

- Me invitaron a cine para aprovechar el tiempo libre, **mas**
no sabía que la velada fuera a prolongarse hasta la
madrugada.

La coma adversativa y la conjunción *sino*

Sino es una conjunción adversativa distinta de las anteriores, pues siempre encabeza una oración subordinada que va después de una principal negativa. Si la principal no es negativa, la
subordinada no puede empezar con *sino*.

- **No** trajeron la papelería con membrete, **sino** los
implementos de oficina que no tienen ninguna
identificación de nuestra empresa.

- Juan **no** quería que lo llevaran al parque, **sino** que le
dieran una vuelta por el vecindario, a ver si aparecía la
muchachita esa.

- **No** encontramos los tomates, ni las habichuelas, ni los
guisantes, **sino** esta belleza de peras importadas de Chile.
¡Mírelas!

La diferencia entre *sino* y *si no*

No confunda *sino* con *si no*. La primera es conjunción
adversativa para presentar la alternativa a la negación de la oración principal. La segunda es conjunción condicional (*si*) +

adverbio de negación (*no*). La fonética es distinta. La conjunción *sino* es grave (*síno*), mientras que la expresión *si no* es aguda (*sinó*). Oiga la diferencia entre *síno* y *sinó*. Le estoy hablando de acento y no de tilde. Ninguna de las dos expresiones lleva tilde.

La expresión *si no* puede ir al comienzo del párrafo o después de la coma.

- *Si no me trae mis zapatos, no puedo ir a la excursión.*

- *No puedo ir a la excursión, si no me trae mis zapatos.*

Sino nunca va al comienzo.

Además, *si no* son dos palabras tan independientes, que se puede incluir alguna otra dentro de ellas.

- *No participo en el concurso, si no me asesora bien.*

- *No participo en el concurso, si usted no me asesora bien.*

- *No participo en el concurso, si mi profesor de Español no me asesora bien.*

Sino no se puede separar.

Resumen

❖ La coma adversativa separa la oración principal de la oración subordinada adversativa.

❖ La oración subordinada adversativa comienza con las conjunciones adversativas *aunque, aun cuando, pese a, a pesar de, mas, pero* y *sino*.

La coma elíptica

La coma elíptica es la que reemplaza el verbo en la oración elíptica. Oración elíptica es una oración con verbo tácito, sobrentendido o elíptico.

O sea, ¿sin verbo?

En realidad, no hay oración sin verbo, por lo que el verbo tácito o elíptico no es la inexistencia de verbo, sino su existencia dada por el contexto. Así, por ejemplo, si yo le digo a usted *¿Me entiende?* Y usted, muy formal, me contesta *Sí, señor*, en su respuesta hay un verbo sobrentendido, que es *entendí* (*Sí entendí, señor*), pero que no hace falta agregar, porque el contexto hace suficientemente clara la idea.

El verbo elíptico de todos los días

Por darle otro ejemplo, usted va por la carretera y ve una calcomanía en el vidrio trasero del automóvil que va delante. En ella se lee *Yo ❤ a Caracas.* ¿Que no se entiende? ¡Claro que sí! El símbolo es universalmente conocido y lo que usted entiende, igual que el resto de los lectores es *Yo amo a Caracas.* El contexto cultural permite establecer cuál es el verbo, cuál es la idea, sin que el verbo aparezca en forma expresa. Como ve, la oración elíptica es muy frecuente. Voy a transcribir titulares elípticos del periódico de hoy.

- *Pinochet, a la espera*
- *Colombia, menos competitiva*
- *Ocho funcionarios, a juicio*

Los verbos tácitos son *sigue* (*Pinochet sigue a la espera*), *se volvió* (*Colombia se volvió menos competitiva*) y *van* (*Ocho funcionarios van a juicio*). En estos casos ya se ve la coma elíptica. La coma elíptica reemplaza el verbo en oraciones elípticas.

El verbo elíptico en oraciones paralelas

Lo más frecuente es que las oraciones elípticas sean paralelas a una oración completa. Ambas tienen el mismo verbo.

Juan vive en Santa Cruz de Tenerife y María, en Lanzarote.

La coma de *María* reemplaza el verbo *vive*. Le voy a mostrar este ejemplo en un cuadro que le permita visualizar la estructura paralela de las dos oraciones.

SUJETO	VERBO	COMPLEMENTO PREPOSICIONAL	
Juan	vive	en Santa Cruz de Tenerife	y
María	,	en Lanzarote	

Así se pueden y se suelen dar multitud de oraciones paralelas, donde la segunda proposición es elíptica, y su verbo debe estar reemplazado por una coma, la coma elíptica.

- *Los documentos urgentes fueron despachados ayer y los de archivo, esta mañana.*

- *Bolívar libertó Venezuela y San Martín, la Argentina.*

- *Los estudiantes de undécimo grado estudiaron toda la Constitución; los de décimo, solamente la mitad.*

Diferencia entre coma elíptica y coma enumerativa

No confunda la coma elíptica con la enumerativa. La elíptica aparece en una segunda oración. La enumerativa, dentro de la misma oración. Compare los dos ejemplos siguientes.

- *Fernando Cifuentes adquirió maquinaria pesada, equipos de oficina y directorios telefónicos.*

- *Fernando Cifuentes adquirió maquinaria pesada y sus vecinos, equipos de oficina.*

En el primer caso es una sola oración con sujeto, verbo y complemento directo múltiple, es decir, complemento directo con enumeración y, por lo tanto, con comas enumerativas. En el segundo caso, hay dos oraciones, la segunda de las cuales es elíptica. La coma reemplaza el verbo *compró*. Si en la segunda oración le da la impresión de que *y a sus vecinos* forma parte de la primera oración, es decir, *adquirió maquinaria y sus vecinos* (adquirió dos cosas, maquinaria y vecinos), puede cambiar la *y* por un *punto y coma*: *Fernando Cifuentes adquirió maquinaria pesada; sus vecinos, equipos de oficina.* De hecho, esto hay que hacerlo cuando son más de dos oraciones paralelas.

Dimensión semántica de la coma elíptica.

La coma elíptica no es opcional o aleatoria. Debe marcarse, pues en algún caso su ausencia podría cambiar el significado.

- PERÓN FOMENTA EL TURISMO Y EVITA LA CORRUPCIÓN (Perón hace dos cosas buenas).

- PERÓN FOMENTA EL TURISMO Y EVITA, LA CORRUPCIÓN (¡Qué mal se porta Evita!).

- *Luisa pinta la botella y Mariela la tapa* (Mariela tapa).

- *Luisa pinta la botella y Mariela, la tapa* (Mariela pinta).

- *Ella toca el violín y él la viola* (él es sátiro).

- *Ella toca el violín y él, la viola* (él es músico).

- *María ordeña la vaca y Juan la llama* (Juan no deja ordeñar con esa llamadera).

- *María ordeña la vaca y Juan, la llama* (Juan ordeña la llama).

La enumeración de elípticas

Si hay más de dos oraciones paralelas con el mismo verbo, el verbo se sigue reemplazando con coma elíptica y el *punto y coma* asume la función de signo enumerativo.

SUJETO	VERBO	COMPLEMENTO DIRECTO	
Rodríguez	preparó	lasaña de pollo;	
Pérez	,	sobrebarriga con papas;	
Restrepo	,	bandeja paisa	y
Martínez	,	picada de piña, papaya, higo y kiwi.	

- *Marta lee los diarios de Quito; Patricia, los magazines internacionales; Ana María, los suplementos literarios y yo, los libros de gramática.*

- *Virgilio siembra yuca; Misael, ñame; Belisario, arracacha y Juan, vientos.*

Si el paralelismo de las oraciones no deja la idea completamente clara, es lícito cambiar la *y* que une la última oración por un *punto y coma.*

Virgilio siembra yuca; Misael, ñame; Belisario, arracacha; Juan, vientos.

Resumen
- ❖ La coma elíptica reemplaza el verbo.
- ❖ En enumeración de elípticas, la coma enumerativa pasa a ser *punto y coma.*

La coma de enlace

La coma de enlace es la que va después de las expresiones de enlace. Expresión de enlace, expresión conjuntiva o conector es una palabra o frase que sirve para unir dos oraciones y establecer el sentido de su relación. Por ejemplo, *así mismo, sin embargo, por lo tanto*.

Las expresiones de enlace de signo +

Las expresiones de enlace tienen una carga semántica importante. Unas sirven para unir oraciones que están en la misma línea semántica. Son expresiones que sirven para sumar. Son expresiones de signo +: *así mismo, asimismo, en esa línea, además, igualmente, de igual manera...*

*Los auditores del Banco Emisor tienen derecho a un descuento en las compras de sus libros técnicos en El Portón de los Libros. **Así mismo,** pueden obtener considerables rebajas en los supermercados de Febor, siempre que presenten su carné vigente y estén al día en sus obligaciones.*

Las expresiones de enlace de signo -

Otras sirven para unir oraciones que se oponen como tesis y antítesis. Son expresiones adversativas. Son expresiones que sirven para restar. Son expresiones de signo –: *sin embargo, no obstante, de otra parte, por el contrario...*

Los auditores del Banco Emisor tienen derecho a un descuento en las compras de sus libros técnicos en El Portón de los Libros. **Así mismo,** *pueden obtener considerables rebajas en los supermercados de Febor, siempre que presenten su carné vigente y estén al día en sus obligaciones.* **Sin embargo,** *sus compras estarán sujetas al impuesto al valor agregado, IVA, en el mismo monto en que se gravan todas las mercancías en los establecimientos comerciales.*

Las expresiones de enlace de signo =

Otras sirven para concluir. Son expresiones de signo =: *por lo tanto, por tanto, por consiguiente, o sea, es decir, en conclusión, en consecuencia, por ende...*

Los auditores del Banco Emisor tienen derecho a un descuento en las compras de sus libros técnicos en El Portón de los Libros. **Así mismo,** *pueden obtener considerables rebajas en los supermercados de Febor, siempre que presenten su carné vigente y estén al día en sus obligaciones.* **Sin embargo,** *sus compras estarán sujetas al impuesto al valor agregado, IVA, en el mismo monto en que se gravan todas las mercancías en los establecimientos comerciales.* **Por lo tanto,** *el proceso de facturación y pago sigue los mismos*

*lineamientos y mecanismos de toda operación legal en el
ámbito del mercado nacional.*

Alcance semántico de las expresiones de enlace según su signo

Como ve, no es lo mismo un *así mismo* que un *sin embargo*.
No se puede escribir, por ejemplo, *El niño de la fotografía quedó
huérfano a causa de las inundaciones de la zona costera del país.*
Sin embargo, *el próximo año no podrá ir al colegio...,* pues ahí
no hay ningún *sin embargo,* sino un *así mismo.* Es una suma de
tragedias y no una resta a la primera tragedia. Sí puede escribir
*El niño de la fotografía quedó huérfano a causa de las inundacio-
nes de la zona costera del país.* **Sin embargo,** *una fundación holandesa se hará cargo de su educación hasta que sea bachiller.* Eso
sí es un *sin embargo.*

Observe que la expresión de enlace va entre el punto de la
primera oración y la coma. Es claro que donde termina una oración va punto. Puede ser *punto y seguido* o *punto y aparte,* según
el tamaño de párrafo que usted esté utilizando.

La ortografía de *así mismo* y de *sin embargo*

Y, a propósito, la ortografía de estas expresiones a veces presenta dudas. El *Diccionario de la lengua española* (DRAE) acep-
ta con igual valor *así mismo* y *asimismo.* No hay diferencia de
significado entre una y otra. Son dos formas de escribir lo mismo. Observe que la expresión separada tiene tilde en *así,* porque es aguda terminada en vocal, mientras la expresión *asimis-*

mo va sin tilde porque es grave (se pronuncia *asimísmo* y se escribe sin tilde). En cuanto a la expresión *sin embargo*, no existe la forma unida *sinembargo*. A alguien se le ocurrió que *sin embargo* es exclusivamente expresión jurídica para indicar que algo 'no se va a quitar' a su dueño, por lo que la expresión de enlace hay que escribirla distinto (*sinembargo*). Sin embargo, la expresión de enlace *sin embargo* tiene exactamente ese significado: 'sin quitar lo anterior', lo que sigue también es verdad. En consecuencia, no hay tal *sinembargo* unido, que es un error y, muchas veces, un capricho.

Algunos autores, ya no administrativos, sino literarios, prefieren comenzar la segunda oración, y dos o tres palabras más adelante incluir la expresión de enlace. En tal caso, la expresión de enlace ya no va entre el punto de la primera oración y la coma de enlace, sino que va entre comas, más bien como inciso explicativo.

Era una noche negra y silenciosa, con espantos alborotados y miedos sueltos. Las muchachas, **sin embargo,** *parecían mantener la cordura hasta ese momento en que el silencio llegaba a su apogeo.*

Resumen

❖ La coma de enlace es la que se escribe después de las expresiones de enlace.

❖ Las expresiones de enlace unen oraciones largas y dan a esa unión un significado.

La coma decimal

Los países firmantes del acuerdo de 1948 para unificar pesas y medidas escogieron la coma como signo decimal (*3,40 %*). Los Estados Unidos no firmaron ese acuerdo, y siguieron usando el punto (*3.4 %*). Cuando los Estados Unidos decidieron comenzar el proceso de pasar al Sistema Internacional de pesas y medidas, la Academia Española admitió que el signo de separación de enteros y decimales pudiera ser el punto (cfr. *Ortografía de la lengua española* 1999, 5.13.2.). Una decisión tardía, sin duda, pues este era el momento de mantener sin concesiones la norma de siempre, hasta que dentro de un tiempo ya el mundo tuviera la coma como único signo válido de separación de decimales. En todo caso, la Academia tuvo el buen tino de no quitar la coma decimal, sino solo aceptar el punto como alternativa válida.

Los enteros, entonces, se separan de los decimales con coma en la escritura de los números arábigos.

- *Mide 1,80 m y no forma parte de ningún equipo de basquetbol.*

- *Así opina el 34,57 por ciento de los encuestados.*

- *Cuesta 200,34 liras.*

En cuanto a cifras enteras, cada tres dígitos se pueden separar con espacio blanco

Voy a invertir 100 000 000,25 en acciones de Paz del Río

o con punto

Voy a invertir 100.000.000,25 en acciones de Paz del Río.

Resumen

❖ Se usa coma para separar los enteros de los decimales en la escritura de los números arábigos.

La coma bibliográfica

Finalmente, la coma bibliográfica es la que se usa para separar el apellido anticipado del nombre del autor de un libro.

- *García Márquez, Gabriel: <u>Cien años de Soledad</u>, Suramericana, 1979.*

- *Mutis, Álvaro: <u>Ilona llega con la lluvia</u>, Norma, 1998.*

- *Díaz Sossa, Germán: <u>Los días del Díaz</u>, edición del autor, 1994.*

Esas comas que ve usted después de *Márquez*, después de *Mutis* y después de *Sossa* son las comas bibliográficas. Se usan para escribir la lista de autores en orden alfabético de apellido, lo que exige anticipar el apellido, pues en realidad estos tres señores se llaman *Gabriel García Márquez, Álvaro Mutis* y *Germán Díaz Sossa.*

Esta coma se debe usar en todo listado que siga el mismo procedimiento: directorios telefónicos, nóminas de empresas, citas de pie de página.

Si no se procede así, puede haber duda sobre la verdadera identidad del individuo listado. Por ejemplo, *Josefo Xavier Alfonso*, en una lista de personas aparentemente ordenada por apellidos, ¿se llama *Alfonso Josefo Xavier* o *Xavier Alfonso Josefo*?

Resumen

❖ Se usa coma para separar el apellido anticipado al nombre en bibliografías y similares.

Resumen general

Y llegamos al final.

Le hablé en las páginas anteriores de las diez comas que hay en español. Cada coma tiene su nombre y su función. Eliminarlas o cambiarlas conduce al cambio de significado. Al terminar, no creo que usted, amable y paciente lector, vuelva a creer (si alguna vez lo ha creído) que la coma es signo respiratorio o estético. Estará usted de acuerdo conmigo en que cada coma tiene un lugar, que no es caprichoso, y en que en la medida en que haya una estricta aplicación de las normas de este libro, el texto será más claro.

He aquí, entonces, un resumen general de lo que hemos visto hasta ahora:

- La oración determinativa no tiene comas.

Existen diez comas, a saber:

- **Vocativa**, que separa mensaje y vocativo.

- **Enumerativa**, que separa elementos análogos de una enumeración, y pasa a ser *punto y coma* en enumeraciones complejas.

- **Circunstancial**, que separa cada complemento circunstancial en el orden sintáctico.

- **Sicológica**, que separa cada complemento circunstancial en el orden sicológico.

- **Explicativa**, que separa la oración subordinada explicativa o encierra, como el paréntesis y la raya, el inciso explicativo que corta el hilo del discurso.

- **Adversativa**, que separa la oración subordinada adversativa.

- **Elíptica**, que reemplaza el verbo.

- **De enlace**, que va después de las expresiones de enlace.

- **Decimal**, que separa los enteros de los decimales en la escritura de los números arábigos.

- **Bibliográfica**, que separa el apellido anticipado del nombre, en las relaciones bibliográficas o citas.

Y de los demás signos de puntuación, ¿qué?

¡Ah! Usted es ahora experto en el manejo de la coma, pero quiere dominar también el uso de los demás signos. Estará usted pensando que aquí viene mi invitación a leer mis libros *Dónde va el punto, Dónde va la barra, Dónde va el asterisco...* ¡No, señor! Esos libros no existen. Y no existen porque no se necesitan. En este mismo libro ya le dije dónde va el punto, dónde va el *punto y coma,* dónde va el guion mayor, dónde va el paréntesis... Sobre algunos otros signos de los que no le he hablado es muy poco lo que hay que decir, pero para que usted quede tranquilo, le voy a decir en las próximas páginas algo de lo no dicho ya sobre los signos de puntuación.

Algo más sobre el punto

Se escribe punto al final de cada oración.

Fue la comida más triste que Walden podía recordar en muchos años. Lidia estaba prácticamente aturdida. Charlotte estuvo callada y extrañamente nerviosa. Se le

caían los cubiertos y botó un vaso. Thomson estuvo
taciturno. Sir Arthur Langley intentó mostrarse jovial, pero
nadie correspondía. El mismo Walden quedó aislado,
obsesionado por el rompecabezas de cómo habría
averiguado Félix que Álex estaba en la finca Walden. Lo
torturaba la desagradable sospecha de que tenía algo que ver
con Lidia. Después de todo, esta le había dicho a Félix que
Álex estaba en el hotel Savoy, y ella había admitido que Félix
le resultaba vagamente familiar de los tiempos de San
Petersburgo.

(*El hombre de San Petersburgo*, Ken Follet, Ediciones B,
1997).

Si después de la oración sigue una oración subordinada explicativa o adversativa, no hay punto, sino coma (ver *Las ora-*
ciones subordinadas explicativas, pgs. 72 y siguientes).

- *El mismo Walden quedó aislado, obsesionado por el*
  rompecabezas de cómo habría averiguado Félix que Álex
  estaba en la finca Walden.

- *Sir Arthur Langley intentó mostrarse jovial, pero nadie*
  correspondía.

Si la segunda oración empieza por *y*, no hay punto, sino coma
(ver pg. 35)

- *Después de todo, esta le había dicho a Félix que Álex*
  estaba en el hotel Savoy, y ella había admitido que Félix
  le resultaba vagamente familiar de los tiempos de San
  Petersburgo.

(Ken Follet, obra citada).

*Yo estaba repasando sobre una badana la mejor de mis
navajas, y cuando lo reconocí me puse a temblar.*

(...)

*Probablemente muchos de los nuestros lo habían visto entrar,
y el enemigo en la casa impone condiciones.*

(...)

*Un buen barbero como yo finca su orgullo en que eso no
ocurra a ningún cliente, y este era un cliente de calidad.*

(*Espuma y nada más*, Hernando Téllez, Cambio, 2000)

La *Ortografía de la lengua española* enseña que hay *punto y
seguido*, que indica el final de la oración dentro del mismo párrafo; *punto y aparte*, que señala el final del párrafo, y *punto
final*, que indica el final del texto.

También se usa el punto al final de abreviatura: *etc.*, *Excmo.*,
J. Mario, *Juan B.*, *S.A.*

Si el punto coincide con el paréntesis de cierre, va primero el
paréntesis y después el punto.

*"Hubo un tiempo en que yo pensaba mucho en los axolotl.
Iba a verlos al acuario del Jardin des Plantes y me quedaba
horas mirándolos, observando su inmovilidad, sus oscuros
movimientos. Ahora soy un axolotl"* (Axolotl, *Julio Cortázar,
Cambio 2000*).

Si el punto coincide con signo de admiración o signo de interrogación de cierre, no se marca el punto.

¡Qué cosa tan interesante! ¿Usted ya lo sabía?

Para separar cada tres cifras en la escrituras de los números enteros se puede usar punto o dejar espacio.

1 524 678   1.524.678

Se exceptúan los años, los números de páginas y los números de artículos, decretos o leyes.

En 1999 llegué a la página 2345, donde se analiza el alcance del Decreto 1000.

Los títulos no llevan punto.

Dónde va la coma

Algo más sobre los dos puntos

Le dije atrás (ver pg. 30) que la coma vocativa equivale a los dos puntos del vocativo de la carta y no a los dos puntos en general. Los dos puntos se usan también para citas textuales directas, para anunciar enumeraciones, para cerrar enumeraciones y después de expresiones como *a saber, verbigracia, los siguientes, por ejemplo...*

La cita textual directa

La cita textual directa va después de dos puntos si hay una frase que la introduce.

...tal como lo dice la Constitución Política de Colombia en su artículo 10: "El castellano es el idioma oficial de Colombia. Las lenguas y dialectos de los grupos étnicos son

también oficiales en sus territorios. La enseñanza que se imparta en las comunidades con tradiciones lingüísticas propias será bilingüe".

Note que la cita textual va entre comillas y que el punto del párrafo va después de las comillas de cierre.

Nuestro entrevistado dijo: "Estoy harto de que me pregunten siempre lo mismo. Sobre todo, eso de que cuál es la última anécdota que me pasó... Si las anécdotas no pasan, hombre..."

La cita indirecta

Si la cita es indirecta, es decir, no se reproducen las palabras exactas que dice el texto citado o que dijo la persona entrevistada, sino se cuenta lo que dijo, no se escribe entre comillas.

Nuestro entrevistado dijo que ya estaba harto de que le preguntaran siempre lo mismo y que la pregunta que menos le gustaba era la de la última anécdota que le había pasado, puesto que las anécdotas no pasan.

El anacoluto periodístico

Pero debe evitarse el anacoluto, muy frecuente en los diarios noticiosos, que consiste en alterar la concordancia para meter a la brava una frase textual en la narración.

Nuestro entrevistado dijo que "ya estoy harto de que me pregunten siempre lo mismo"...

Fíjese que en este último caso se violan las concordancias de persona y tiempo. El párrafo comienza en tercera persona del singular (*Nuestro entrevistado*, es decir, <u>*él*</u>) y en pretérito (*dijo*) y continúa en primera persona del singular (*ya estoy*, es decir, *yo ya estoy*) y en presente (*estoy*). Este es el error llamado anacoluto, tan feo como su mismo nombre.

Se puede incluir dentro de una cita indirecta una frase textual especialmente significativa entre comillas y sin los dos puntos.

Nuestro entrevistado dijo que estaba harto de que le preguntaran siempre lo mismo y que la pregunta que menos le gustaba era la de la última anécdota que le había pasado. "Las anécdotas no pasan, hombre".

Los puntos suspensivos en las citas

Y ya que estamos hablando de citas, aprovecho la oportunidad para recordarle que cuando un texto se transcribe sólo parcialmente, se usan los puntos suspensivos para indicar que se eliminó una parte de la cita. Si se elimina la parte inicial, la cita empieza con puntos suspensivos.

"...no están obligadas a presentar declaración de renta".

Si se elimina la parte final, la cita termina con puntos suspensivos.

"Las personas con ingresos brutos menores a ciento cincuenta millones y patrimonio inferior a ciento veinte millones de pesos no están obligadas..."

Si se elimina una parte del medio, se escriben los puntos suspensivos entre paréntesis en vez de la parte no citada.

"Las personas con ingresos brutos menores a ciento cincuenta millones (...) no están obligadas a presentar declaración de renta".

No sobra decir que los puntos suspensivos son tres. De hecho, los puntos suspensivos se llaman también *tres puntos*. No caiga usted en el error de algunos entusiastas escribientes que, cuando de poner puntos suspensivos se trata, le dan garrote a la tecla del punto hasta que ya no pueden más. En general, los puntos suspensivos se usan para indicar que algo no se dijo completo. Muchas veces equivale a la palabra *etcétera*.

Los dos puntos en enumeraciones

Los dos puntos se usan también para anunciar enumeraciones.

Deben traer los siguientes instrumentos: un resaltador amarillo, diez hojas de papel tamaño carta, una escuadra, un corrector líquido y una pluma estilográfica alemana.

Para cerrar enumeraciones, como en un discurso.

Lealtad, laboriosidad, respeto y un compromiso real con la paz: esos son los requisitos para trabajar en nuestra campaña.

Y después de expresiones como *a saber, verbigracia, los siguientes, por ejemplo...*

- *La preposición* ex *se usa antepuesta a nombres de dignidades o cargos para indicar que la persona de quien se habla los tuvo y ya no los tiene. Verbigracia: El ex Presidente de la República de Colombia Belisario Betancur escribió el ensayo más lúcido del año sobre el dialecto antioqueño y su influencia en la zona de colonización paisa.*

- *Los artistas barrocos surgieron en la época de desarrollo de la Reforma y la Contrarreforma y se caracterizan por la desmesura. Entre los más conocidos están los siguientes: Cervantes, Quevedo, Góngora, Lope de Vega, Miguel Ángel, Velázquez, Rembrant.*

- *El ciudadano a quien le sean violados sus derechos fundamentales y no encuentre solución a su problema en los trámites legales regulares para que le sean respetados puede acudir a la acción de tutela. Por ejemplo: si usted es expulsado de su empresa por ser hincha del Santa Fe...*

El abuso de los dos puntos

Le recomiendo, finalmente, que no abuse de los dos puntos. Muchas veces se usan innecesariamente entre el verbo y el complemento directo, *Pepe Buendía le dijo: que estaba sorprendido con el 9-0*, o después de preposición, *el artículo fue redactado por: Pepe Buendía*. Es muy frecuente en la identificación del autor en periódicos y revistas.

El acoso de la jefa a su secretario en la oficina moderna

Por: Melba Zárate

Es redundante y, por tanto, erróneo, escribir preposición y dos puntos. En los siguientes ejemplos sobran los dos puntos.

- *Se puede usar para: mejorar la autoestima, superar la depresión y rejuvenecer la piel.*
- *Debe presentarse en: la oficina de Recursos Humanos, la Gerencia de Mercadeo y el Laboratorio Médico.*

Otras recomendaciones sobre los signos de puntuación

Los signos de interrogación y de admiración se deben escribir siempre dobles, es decir, el invertido al comienzo de la oración interrogativa o admirativa, y el de cierre, al final.

- *¿Nos encontramos en la Puerta de Alcalá?*
- *¡Estoy feliz, mi hermano!*

La barra se usa para abreviaturas, como y/o. Esta abreviatura hizo su entrada triunfal al español en la *Ortografía de la lengua española*, 1999, de la Real Academia. No olvide que en español este signo se llama *barra*.

Debe presentar su documento de identidad y/o el pasaporte.

El apóstrofo solamente se usa en español para indicar que una palabra no se escribió completa. ¡Ah! Y no lo olvide: no se llama apóstrofe, sino apóstrofo.

Eso sí pa' qué, su persona. Así son las cosas pu'aquí.

Nunca se debe usar el apóstrofo para indicar plural, como en *ONG's*, que supuestamente sería *Organizaciones No Gubernamentales*. Las siglas no tienen plural: *una ONG, varias ONG*. En inglés, el apóstrofo indica posesivo: *John's paper* es *el papel de Juan*, y no indica plural, *los Juanes*.

El guion menor une dos sustantivos, *García-Peña*, o dos adjetivos, *árabe-israelí*, para indicar colaboración u oposición, pero nunca preposición y sustantivo, como *ex-Gerente, pro-templo, so-pena, ad-hoc*, que se deben escribir *ex Gerente, pro templo, so pena, ad hoc*. Las preposiciones van siempre separadas y sin guion. Tampoco se debe usar guion para unir prefijos o elementos compositivos, como en *Vice-Presidente, Vice-Rector, Sub-Director, sub-total*, que se deben escribir, *Vicepresidente, Vicerrector, Subdirector, subtotal*.

Cuando se parte una palabra al final de renglón, debe escribirse el guion al final del renglón. No se puede escribir el guion debajo de la última letra, ni dejar sin guion la palabra partida. Las palabras se pueden partir por sílabas completas (*superintendencias*) o por elementos compositivos fácilmente identificables (*super-intendencias*).

Resumen

❖ Los dos puntos se usan también para citas textuales, para anunciar enumeraciones, para cerrar enumeraciones y después de expresiones como *a saber, verbigracia, los siguientes, por ejemplo...*

❖ La cita textual directa se escribe entre comillas.

❖ Los puntos suspensivos, que son solo tres, se usan para indicar exclusiones en las citas textuales y muchas veces equivale a e*tcétera*.

❖ Los signos interrogativos y admirativos son dobles: el de apertura y el de cierre.

❖ El apóstrofo indica que una palabra se escribe incompleta.

Anexos

Pronombres átonos

En la redacción del texto es muy frecuente la aparición de los pronombres átonos, y demasiado frecuente la anarquía con que se usan. Como complemento de las instrucciones sobre la contrucción de la oración determinativa, le ofrezco aquí explicaciones que le serán muy útiles para el uso acertado de cada uno de estos pronombres.

Lo, la, le, los, las y *les*

Los pronombres *lo, la, los, las* reemplazan el complemento directo. Si para el caso de la oración *Pedro Díaz entregó un informe al Gerente,* ya le he hablado del *informe,* puedo reemplazar el complemento directo (*el informe*) por el pronombre *lo,* que corresponde a la palabra *informe* por ser de género masculino y de número singular. La oración queda, entonces, *Pedro Díaz **lo** entregó al Gerente.* Si la oración es *Pedro Díaz entregó una carta confidencial al Gerente,* el pronombre para reemplazar *carta confidencial,* femenino singular, es *la, Pedro Díaz **la*** *entregó al Gerente.* Si lo entregado son *cuatro portafolios,* masculino plural, el pronombre es *los, Pedro Díaz **los** entregó al Gerente.* Si lo entregado son *dieciséis máquinas de escribir,* femenino plural, el pronombre es *las, Pedro Díaz **las** entregó al Gerente.*

Hasta aquí, todo perfecto. El problema viene cuando el complemento directo es persona. Si la oración es *El Gerente de Suramericana llamó a usted,* ese *a usted* es el complemento directo. Por lo tanto, la oración correspondiente es *El Gerente de Suramericana **lo** llamó,* si el *usted* al que se lo dice es hombre, y *El Gerente de Suramericana **la** llamó,* si es mujer. La aclaración es pertinente, porque se suele usar aquí equivocadamente el pronombre *le, El Gerente de Suramericana **le** llamó,* como fórmula de supuesta elegancia y cortesía, cuando es un disparate sintáctico.

¿Y para qué se usa *le,* entonces? *Le* y *les* sirven para reemplazar el complemento indirecto. En la oración *El Gerente de Bebidas & Bebidas S.A. envió una muestra de su nueva gaseosa al doctor Betancur,* el complemento indirecto es *al doctor Betancur.* En este caso, si el contexto lo permite, porque ya se ha hablado del doctor Betancur, el pronombre *le* reemplaza el complemento indirecto, *El Gerente de Bebidas & Bebidas S.A. **le** envió una muestra de su nueva gaseosa,* y si el contexto no lo permite, porque no se ha hablado aún del doctor Betancur, el pronombre *le* puede anticipar el complemento indirecto, lo que hace la oración más fluida y sonora, *El Gerente de Bebidas & Bebidas S.A. **le** envió una muestra de su nueva gaseosa al doctor Betancur.*

¡Atención! *Le* es válido para masculino y femenino, *le envió al doctor Betancur* o *le envió a la doctora Rosita Mesa,* pero sólo para singular. La aclaración viene a cuento porque escribir *le* cuando el complemento indirecto es plural es el más frecuente de los errores sintácticos. Si la oración es *El Presidente pidió a los ciudadanos paciencia y trabajo*, el complemento indirecto es *a los ciudadanos*, plural, lo que exige que el pronombre que lo anticipe o reemplace sea también plural, *les: El Presidente **les** pidió a los ciudadanos paciencia y trabajo* o *El Presidente **les** pidió paciencia y trabajo*.

Tengo una gran cantidad de recortes de prensa, con avisos publicitarios, titulares noticiosos y textos en los que se escribe erróneamente *le* en vez de *les*. Le transcribo algunos, resaltando complemento indirecto y pronombre, para que usted advierta claramente la falta de concordancia.

- *Microsoft **le** pidió **a los congresistas** mesura en sus apreciaciones*
- *Condimentos El Rey **le** pone sabor **a sus comidas***
- *Vengo a decir**le** adiós **a los muchachos***
- *Alcalde quiere quitar**le** acceso vehicular **a los conductores***

Y hasta una conocida canción de Joan Manuel Serrat.

*iré tras una nube pa' ser**le** fiel*
a los ríos, los montes, el sol y el mar.

En todos estos casos, la versión correcta exige el pronombre *les*.

Como puede verlo en los ejemplos, estos pronombres pueden ir antes del verbo (proclíticos), *lo recuerdo, **la** envié, **les** dijo...,* o después del verbo (enclíticos), *recuérde**las**, enví**elo**, díga**les**...*

Los complementos esenciales anticipados

Cuando se anticipan directo e indirecto, el asunto es más complejo, pues en vez de *le* y *les* se usa *se*, que tiene la característica de ser igual para singular y para plural. *Jacinta dio juguetes a Luis* puede tener las siguientes versiones: *Jacinta le dio juguetes*, donde el pronombre *le* reemplaza el complemento indirecto *a Luis*; *Jacinta le dio juguetes a Luis*, donde el pronombre *le* anticipa el complemento indirecto *a Luis*; *Jacinta se los dio*, donde el pronombre *los* reemplaza el complemento directo *juguetes* y el pronombre *se* reemplaza el complemento indirecto *a Luis*.

El problema viene cuando el complemento directo es singular y el indirecto, plural. Tome la oración *Pacheco presentará el concurso a ustedes*, donde el complemento directo es *el concurso*, masculino singular, y el complemento indirecto es *a ustedes*, plural. Las versiones válidas de esta oración con pronombres son: *Pacheco lo presentará a ustedes* (*lo* reemplaza el directo *el concurso*), *Pacheco les presentará el concurso* (*les* reemplaza el indirecto *a ustedes*) y, ¡atención a este último!, *Pacheco se lo presentará* (*se* reemplaza el indirecto *a ustedes* y *lo* reemplaza el directo *el concurso*). En esta última versión es común el error *Pacheco se los presentará*, como si fueran varios concursos, pues al querer pasar al plural el pronombre *se* y no existir tal plural, se comete el error de pasar al plural el otro pronombre (*lo*), que no tiene nada que ver.

La canción de Roberto Carlos *Mis amores* es un buen ejemplo de este error.

> No me pregunten cuál ha sido mejor
> No **se los** voy a decir
> No **se los** quiero decir

Si en el primer verso dice *cuál*, singular, y no *cuáles*, plural, no debe decir luego *los*, plural, pues claramente es *lo*, singular. ¿Cuál ha sido mi mejor amor? No voy a decir *cuál*, es decir, no *lo* voy a decir, no se *lo* voy a decir.

También se dan, pero menos, errores por el uso de *la* y *lo* en vez de *le*, como en esta canción de Cecilia, cantante española.

*Quién **la** escribía versos, dime quién era*
*Quién **la** mandaba flores por Primavera*
Quién cada nueve de noviembre,
Como siempre sin tarjeta,
***La** mandaba un ramito de violetas.*

Bellísima canción. A mí también me enternece. Sin embargo, cada *la* que le resalto en los versos debe ser *le*, pues anticipa el complemento indirecto *a ella*. Entonces, según lo dicho en este paréntesis, *lo, la, los, las* reemplazan complemento directo; *le, les, se* reemplazan o anticipan complemento indirecto.

Anexo 2

La preposición y el *de que*

Para aclarar algo más el tema de los complementos preposicionales y la ocasional aparición del *de que*, le doy en este Anexo algunas aclaraciones adicionales a lo ya dicho en el apartado dedicado a la oración determinativa con verbo intransitivo (ver pg. 16 y siguientes).

La importancia semántica de la preposición

Me decía alguien que la preposición es una palabra tan insignificante que se puede quitar y no pasa nada. Más aun, que las preposiciones tienden a desaparecer.

¡Aténgase y no corra! Si usted elimina la preposición, deja coja la oración y en muchos casos cambia el significado de su texto. Así que, ¡mucho ojo!, no deje de escribir la preposición y no crea esos cuentos sobre su desaparición.

Vea a continuación algunos casos en los que el texto con preposición tiene un significado y sin preposición tiene otro.

1. a) *Patricia Reina debe estar en la Oficina de Impuestos.*

   b) *Patricia Reina debe **de** estar en la Oficina de Impuestos.*

En el caso (a) estoy usando el verbo transitivo *debe*, que indica obligación. No lleva preposición (*debe de*) porque lo que sigue a un verbo transitivo es un *qué*: en este caso, ¿qué debe?, como cuando usted pregunta *qué debo hacer*, es decir, *cuál es mi obligación en este momento*. Aquí estoy hablando como jefe de Patricia Reina (no deja de ser una satisfacción ser jefe de una patricia y, además, reina...). Sólo como su jefe puedo decirle *debe estar en...*, o sea, *su obligación es...* En el caso (b) estoy hablando como un advenedizo que aventura una posibilidad. El verbo *debe de*, que es la sexta acepción de *deber* en el DRAE 1992, es intransitivo, puesto que tiene preposición, concretamente la preposición *de*, y significa que es posible que Patricia Reina esté en la Oficina de Impuestos, no que su obligación sea estar allá.

Son dos ideas distintas, porque la ausencia o presencia de la preposición cambia el carácter del verbo (transitivo o intransitivo) y, de paso, cambia el significado del texto.

Le doy otros ejemplos similares, con alusión al significado entre paréntesis.

2. a) *Los dioses deben estar locos* (es su obligación).

   b) *Los dioses deben **de** estar locos* (parece que lo están).

3. a) *Debe traer su documento de identificación personal cuando venga a firmar el contrato* (es requisito sine qua non).

b) *Debe de traer su documento de identificación cuando venga a firmar el contrato* (quizá traiga su documento cuando venga a firmar, pero no es requisito para el procedimiento).

Proceso similar se da con otros verbos.

4. a) *Habla de un idioma desconocido* (el sujeto tiene unas historias fantásticas sobre gente que habla un idioma que nadie conoce. De pronto son marcianos).

   b) *Habla un idioma desconocido* (el sujeto es el marciano).

En el DRAE 92 puede usted ver las diversas acepciones (significados) del verbo *hablar*. Está clasificado como verbo intransitivo, excepto en sus acepciones 17 (expresarse en un idioma: *habla francés, habla tagalo*, sin preposición) y 18 (decir cosas especialmente buenas o malas de algo o de alguien: *habló maravillas, habló pestes*, sin preposición). Las demás acepciones exigen la preposición de verbo intransitivo: *hablaban **sobre** San Bernardo del Viento, hablarían **de** los átomos, hablan **hasta** por los codos, va a hablar **por** su poderdante...*

5. a) *Se acordó de firmar el contrato* (se le había olvidado).

   b) *Se acordó firmar el contrato* (la Junta Directiva llegó a ese acuerdo).

6. a) *Se acordó de que había que firmar el contrato.*

   b) *Se acordó que había que firmar el contrato.*

Estas dos últimas son otra versión del 5, con un problema nuevo. En este caso (6 a) aparece la frase *de que* a la que tanta reticencia hay entre escribientes de todos los niveles. La oración 6 *a* es correctísima.

Muchas personas le quitarán el *de*, con el socorrido argumento de que no se puede decir *de que* (¡en el colegio me dijeron que nunca escribiera *de que*!) Y lo que harán es cambiar el significado. En el 6 *a*, se le había olvidado al sujeto; en el 6 *b*, a esa conclusión llegó la Junta Directiva.

Tenemos, pues, que abrir aquí un apartado para aclarar el problema de la frase *de que*, hoy por hoy uno de los mayores dolores de cabeza de hablantes y escribientes del español.

Dequeísmo y dequefobia

Como todo lo que en Gramática tiene nombre terminado en *-ismo*, el *dequeísmo* es un error. El error consiste en el mal uso de la frase *de que*. ¡Ojo! No es el uso. Es el mal uso. Tampoco es el abuso, en el sentido de usarlo muchas veces en el mismo texto. No. Es el mal uso. Un libro de quinientas páginas puede tener un solo *de que*, al paso que otro de veinticinco páginas puede tener cincuenta *de ques*. No por ello hay *dequeísmo* en el segundo. Es posible que los cincuenta *de ques* del librito sean todos correctos y que el único *de que* del librote sea incorrecto, con lo cual el libro que cae en el *dequeísmo* es el que tiene un solo *de que* en quinientas páginas.

La *dequefobia* es el error contrario: no usar la frase *de que* cuando se debe. *Fobia* es 'miedo' o 'aversión', de donde *dequefobia* será 'miedo o aversión al *de que*'.

Vamos a reducir el problema a cinco situaciones concretas y habituales. Las cuatro primeras, con *de que* correcto y la última con *de que* incorrecto. En las cuatro primeras, cada vez que usted quite el *de* estará cayendo en la *dequefobia*. En la última, cada vez que escriba el *de*, estará cayendo en el *dequeísmo*.

De que correcto después de sustantivo

Una primera situación habitual consiste en que el *de que* vaya después de sustantivo. Sucede en frases del siguiente corte:

- *...a pesar de que no pagaron a tiempo...*

- *...la esperanza de que regrese...*

- *...la incertidumbre de que vuelva...*

- *...con el fin de que se inscriba...*

En estos casos el *de que* va después de los sustantivos *pesar, esperanza, incertidumbre* y *fin*. Las cuatro frases son correctas. La *dequefobia* consiste en escribirlas sin *de*, lo que da los siguientes disparates, por lo demás, muy frecuentes:

- *...a pesar que no pagaron a tiempo...*

- *...la esperanza que regrese...*

- *...la incertidumbre que vuelva...*

- *...con el fin que se inscriba...*

Bueno, habría que considerar el contexto.

No es lo mismo

*Nos quería convencer con el argumento **de** que estudió en Harvard.*

que

Nos quería convencer con el argumento que estudió en Harvard.

En el primer caso (con *de que*), un petulante administrador de empresas cree tener la razón por el hecho de que mientras nosotros estudiamos en pinches universidades locales, él estudió en la prestigiosísima y nunca bien ponderada Universidad de Harvard. En el segundo, el hombre nos propone un argumento que estudió en Harvard, con preferencia a otros que estudió en la Sorbona, en la Complutense y en la Nacional, porque, sin duda, este argumento estudiado en Harvard es mejor que los otros.

No es lo mismo

*Esta es la blusa **de** que te habló*

que

Esta es la blusa que te habló.

En el primer caso, le estoy diciendo a María Eugenia que esa blusa que está en la vitrina del Corte Inglés es la blusa de que le habló su primo Rigoberto. En el segundo, la blusa habla, como en una película de Steven Spielberg.

No es lo mismo

*No nos llegó la noticia **de** que se comieron los perros*

que

No nos llegó la noticia que se comieron los perros.

En el primer caso, no sabemos si los perros calientes, con cebolla cabezona, papa picada y salsa de piña, que enviamos para la piñata, fueron del gusto de los comensales y, por eso, no sabemos si se los comieron y nos los van a pagar. En el segundo, un periodista nos envió una noticia con su mensajero y, cuando el muchacho iba a llegar a nuestra oficina, fue atacado por unos perros calientes, furiosos, temibles, que cogieron entre sus mandíbulas la noticia, la destrozaron a dentellada limpia y se la comieron.

A continuación, un *de que* del Premio Nobel de Literatura 1982, Gabriel García Márquez, uno de los escritores más respetuosos de las normas gramaticales (el *de que* es correcto, porque va después del sustantivo *temor*).

La tierra era tan escasa, que las madres andaban siempre con el temor <u>de que</u> el viento se llevara a los niños, y a los pocos muertos que les iban causando los años tenían que tirarlos en los acantilados.

(*El ahogado más hermoso del mundo*, 1968, Gabriel García Márquez, Voluntad, 1995).

¿Ve usted cómo el asunto no es escribir *de que* siempre o no escribirlo nunca, sino sobre todo tener claro el significado?

De que correcto después de *antes, luego* y *después*

Los adverbios de tiempo *antes, luego* y *después* pueden ir seguidos de la frase *de que*. Aunque los gramáticos admiten quitar el *de* en estas frases, no constituye error dejarlo. Por lo tanto, aquí tampoco hay *dequeísmo*:

- *...cómprelo antes de que se agote...*

- *...inscríbase después de que pague...*

- *...lo conocí luego de que se graduó...*

De que correcto después de verbo intransitivo

Ya sabe usted que al verbo intransitivo lo sigue el complemento preposicional, que se llama así porque empieza con preposición. Pues bien, una de las preposiciones es *de*. Y, si está claro que quitar la preposición es un error que puede llevar a una interpretación equivocada del texto, sea usted consecuente y no vaya a quitar el *de* en estos casos.

*Estoy convencido **de** que ella es la mujer de mi vida...*

¿Va a quitar el *de* en esta oración? Entonces, hágalo también en la siguiente: *Estoy convencido **de** su lealtad.* ¿En esta no? Pues, entonces, no lo haga en la anterior. En ambos casos el verbo es el mismo, *estoy convencido.* El verbo es intransitivo y requiere complemento preposicional. Pretender que el complemento preposicional no tenga preposición es como pretender que los huevos pericos no tengan huevo. ¡No se puede!

- *Hablaron **de** que el tercer milenio no ha empezado...*

- *Hablaron **de** un nuevo enfoque del problema...*

No puede quitar *de* en ninguna de las dos oraciones. En ambas se requiere por el carácter intransitivo del verbo. En algunos casos, si quita el *de*, el significado se altera. Observe que no es lo mismo *hablaron de los Pérez* que *hablaron los Pérez*.

- *Tratemos **de** que se porte mejor.*
- *Tratemos **de** ganarnos su confianza.*
- *Estarían seguros **de** que su propósito era lícito.*
- *Estarían seguros **de** las consecuencias.*

Se suele aconsejar que, en estos casos, el hablante use el verbo en interrogativo para advertir la necesidad del *de*. Si en la pregunta va el *de*, en la respuesta debe ir también:

¿De qué estás seguro?

Estoy seguro de que me ama.

Así se puede evitar la dequefobia.

De que correcto después de verbo transitivo

Hay casos en los que el complemento está anticipado con un pronombre átono, como *me, te, nos, lo, la...*: *me convencieron, te persuadieron...* significan *convencieron a mí, persuadieron a ti*, donde *a mí, a ti* son complementos directos anticipados, es decir, ya dichos, con los pronombres átonos proclíticos *me, te...*

Anticipado ya el complemento directo, lo que sigue puede ser un complemento de materia, que comienza con la preposición *de*: *me convencieron **de** subir a bordo, te persuadieron **de** ir a la Luna*. En esa línea, el complemento de materia puede ir con un *de que*: *Me convencieron **de** que ella era más veloz que él, te persuadieron **de** que estudiar era mejor que no hacerlo*. En estos casos tenemos la frase *de que* después de verbo transitivo con complemento directo anticipado. Son *de ques* correctos.

De que incorrecto después de verbo transitivo

Con excepción de los casos contemplados anteriormente, después de un verbo transitivo no puede haber un de que. ¿Por qué? Porque, como usted ya sabe, después de un verbo transitivo va el complemento directo, que responde a la pregunta *qué*. Y a la pregunta *qué* no se puede responder *de que*, sino *que*. Por ejemplo, el verbo *dijo* es transitivo. *¿Qué dijo?* (No *¿de qué dijo?*).

Aquí está el problema del *dequeísmo*. Este error se comete cuando se agrega la preposición *de* a verbos que por ser transitivos no deben llevarla. Lo invito a analizar el siguiente ejemplo de dequeísmo, con uno de los verbos con que más frecuentemente se presenta el problema, el verbo *decir*.

Me dijo de que estaba poniendo mucho pereque.

El verbo *dijo* es transitivo. Usted nunca pregunta *¿de qué te dijo?*, para responder *Me dijo de que...* Usted pregunta *¿qué te dijo?*, para responder *Me dijo que...* Y como no es solamente la inflexión *dijo*, sino todo el verbo *decir*, téngalo en cuenta para cualquier otra oración con el mismo verbo.

- *Nos dijeron **de** que llegaba el lunes* (error, dequeísmo)
- *Nos dijeron que llegaba el lunes* (correcto)
- *Les hubiéramos dicho **de** que pagaran más* (error)
- *Les hubiéramos dicho que pagaran más* (correcto)
- *El Presidente había dicho **de** que bajaría la inflación* (error)

- *El Presidente había dicho que bajaría la inflación* (correcto)

A continuación le doy ejemplos con otros verbos con los que también se presenta el *dequeísmo*. En todos los casos basta que quite la preposición *de* que sigue al verbo principal para que el texto quede correcto.

- *Pensaba **de** que era mejor ir a Ibarra* (error, dequeísmo, sobra *de*)

- *Había pensado **de** que era su mejor amiga* (error)

- *Quería **de** que me prestara unos dólares* (error)

- *Hubiese querido **de** que fuera una sorpresa* (error)

- *Sospecho **de** que fue ella* (error)

- *Creo **de** que es un diablillo* (error)

- *Le rogué **de** que me creyera* (error)

Aclarado este punto, ¿cree usted que en el mundo hay más *dequeísmo* o más *dequefobia*?... En un primer momento el *dequeísmo* alarmó a gramáticos y profesores, pero cuando surtieron efecto las campañas antidequeístas que unos y otros lanzaron, el péndulo se fue para el extremo opuesto y se produjo una *dequefobia* difícil de erradicar. Hoy se ven libros, revistas, periódicos, memorandos, cartas, avisos publicitarios y demás vehículos de comunicación escrita absolutamente dequefóbicos. Hay que procurar el equilibrio ideal en el que no se use *de que* cuando sea erróneo y sí cuando se deba, sin resistencia de quien lo escribe ni de quien lo lee.

Anexo 3

Terminología

Substantivo o sustantivo o nombre

Es la palabra que sirve para identificar una cosa. Responde a las preguntas ¿qué es esto? o ¿cómo se llama?

¿Qué es esto? *Casa, mesa, computador, libro, cruasán, oficina, noticia, relación, concepto, carácter, banco...* ¿Cómo se llama? *Pedro, Ramiro Lleras, Banco Central Hipotecario, 'Babieca', Supermán, bolígrafo, mogolla, champú...*

Los sustantivos admiten artículo. *La casa, el cruasán, un deber, una disertación, los disquetes, las Rodríguez, unos pesitos, unas curiosidades.* Si usted duda de que una palabra sea sustantivo, agréguele artículo. Si lo admite, es sustantivo. Si no lo admite, no lo es. *Un vio, una traerán, unos lentamente, el plátano.* Ni *vio*, ni *traerán*, ni *lentamente* son sustantivos. *Plátano* sí.

Ahora bien, muchas palabras que en principio no son sustantivos, pueden sustantivarse. Así, *docente* es adjetivo, *cuerpo docente, personal docente,* pero en los últimos tiempos se convirtió en sustantivo (sin dejar de ser adjetivo), *el docente, un docente*. Observe los dos ejemplos que siguen. En el primero la palabra *docente* es adjetivo y en el segundo, sustantivo

a) *Debemos contar con un equipo docente joven e idóneo.*

b) *El docente no entregó las calificaciones a tiempo.*

Los pronombres

Los pronombres reemplazan el sustantivo. *Yo, tú, él, nosotros, vosotros, ellos* y todos los demás pronombres cumplen en la oración el mismo oficio que el sustantivo, puesto que lo reemplazan. En la oración *Él trajo un suéter a ella*, las palabras *él* y *ella* (pronombres) cumplen la misma función que las palabras *Fernando* y *María* (sustantivos) en la oración *Fernando trajo un suéter a María*.

Así que no se complique la vida. Los pronombres son sustantivos.

Adjetivo

Adjetivo modifica sustantivo.

Observe cómo el sustantivo *disquete* va a ser modificado por diversas palabras, todas ellas adjetivos:

...disquete...

*...**el** disquete...*

*...**nuestro** disquete...*

*...**mi** disquete...*

*...su disquete **estándar**...*

*...**nuestro nuevo** disquete **azul turquí**...*

Las palabras *el, nuestro, mi, su, estándar, nuestro, nuevo, azul* y *turquí* de estas frases son adjetivos. Están modificando el sustantivo *disquete*.

Unos adjetivos determinan (*el, la, nuestro, su...*), otros califican (*puntiagudo, fucsia, otoñal, linda, intensivo...*).

Los artículos

Los artículos (*el, la, los, las, un, una, unos, unas*) son adjetivos.

Adjetivos y sustantivos constituyen, pues, una misma familia. Con ellos se arman frases: *el taburete habano, un buen resultado operacional, mis mejores amigos, su cordial comunicación...*, que pueden servir para construir oraciones, una vez se les agreguen los verbos necesarios.

Verbo

Verbo indica acción, pasión o movimiento.

El verbo es esencial para expresar una idea, tanto que si no hay verbo no hay oración (que es la expresión de una idea).

Normalmente los verbos se identifican en infinitivo (*amar, temer, partir, estandarizar, optimizar, computadorizar, alunizar...*), pero una cosa es el nombre del verbo, que obviamente es un sustantivo, y otra el verbo como tal en la oración, que tiene que estar conjugado para que cumpla su función propia: *atenderemos, enviamos, subió, sucedería, cambie, destruyó*.

Pero en el colegio me dijeron... No se preocupe. Cada verbo tiene decenas de formas distintas, y sería muy engorroso decir, por ejemplo, *el verbo amo, amas, amá, ama, amemos, amáis, aman, amé, amaste...* y así hasta completar veinticinco o más palabras. Entonces, uno dice *el verbo amar*. Y ya. Pero, cuando vaya usted a redactar una carta de amor, no puede decir *yo **amar** a usted*, sino *yo la **amo**... la **amé**... la **amaré**... la **amaría**...*, según quiera expresar una u otra idea. Es decir, usted tiene necesariamente que conjugar el verbo para que este cumpla su función, que es la de expresar acción (*resolvimos*), pasión (*fue analizado*) o movimiento (*viajaron*).

Para aclarar de una vez por todas el asunto, le recuerdo que hay cuatro formas verbales que no cumplen función de verbo en la oración: el infinitivo, que es sustantivo (*amar, perder, solicitar...* Ejemplo: *el **cantar** de los pájaros entretiene mi descanso bucólico*); el participio presente o activo, que es sustantivo (*gerente, adolescente, cantante, presidente...*); el participio pasado o pasivo, que es adjetivo (*amado, perdido, solicitado...* Ejemplos: *el ser **amado**..., un negocio **perdido**..., nuestro **solicitado** ron blanco...*) y el gerundio, que es adverbio de modo (*subiendo, usando, ampliando...* Ejemplo: *¿Cómo llegó arriba? ¡**Subiendo** por la escalera!*).

Los verbos son transitivos o intransitivos. Los primeros requieren un *qué* o un *a quién* (complemento directo). Los segundos no. Ejemplos: *Juan trajo dinero* (qué trajo), *Juan trajo a sus hijos* (a quién trajo). El verbo *traer* es transitivo. *Juan trota.* No hay un *qué trota* ni un *a quién trota*. El verbo *trotar* es intransitivo. Los transitivos no llevan preposición: ***Dijeron** que estaban cansados* (No *dijeron de*), salvo la preposición *a* (*Salu-*

damos <u>a</u> nuestros colaboradores), cuando el complemento directo es persona. Los intransitivos deben llevar preposición: ***Hablaron <u>de</u>** su cansancio.* ***Hablaron <u>de</u>** que estaban cansados* (no es lícito quitar la preposición *de*, por ser verbo intransitivo).

Hay verbos personales (los que tienen sujeto: *Juan trabaja*) y verbos impersonales (los que no tienen sujeto: *Se informa que mañana no hay servicio*).

Hay verbos pronominales (los que se conjugan con los pronombres átonos, *me, te, se nos...*: *me desayuné, ¿te acordaste?* Y verbos que no requieren esos pronombres: *leí la Biblia* (no *me leí la Biblia*), *¿ya almorzaste?* (no *¿ya te almorzaste?*).

Hay verbos defectivos: los que no se pueden conjugar en todas las personas de todos los tiempos. Por ejemplo, de *agredir* no existen *agredo, agredes, agrede*, pero sí *agredimos, agredisteis, agredieron*.

Adverbio

Adverbio modifica verbo.

El adverbio es al verbo lo que el adjetivo es al sustantivo. Observe cómo en las siguientes frases se va modificando el verbo *trabajé*.

...trabajé...

*...**ayer** trabajé...*

*...**ayer** trabajé **mucho**...*

*...**hoy** trabajé **bestialmente**...*

*...**nunca** trabajé **tanto aquí**...*

Las palabras *ayer, mucho, hoy, bestialmente, nunca, tanto* y *aquí* de estas frases son adverbios. Modifican el verbo *trabajé*.

Verbo y adverbio constituyen la otra familia esencial de la oración. Una oración se puede construir con sustantivo y adjetivo más verbo y adverbio: *La aeronave ya llegó. La* (adjetivo) *aeronave* (sustantivo) *ya* (adverbio) *llegó* (verbo).

Preposición

La preposición une y relaciona semánticamente (da significado) a sustantivos, adjetivos, verbos y adverbios. Son preposiciones, entre otras, *a, ante, aun, bajo, cabe, como, con, contra, de, desde, durante, en, entre, extra, hacia, hasta, in, incluso, mediante, para, por, pro, según, sin, so, sobre, tras.*

Basta que usted cambie la preposición para que inmediatamente cambie el significado:

*El portafolio de servicios está **sobre** la gaveta.*

*El portafolio de servicios está **en** la gaveta.*

*El portafolio de servicios está **bajo** la gaveta.*

*El portafolio de servicios está **entre** la gaveta.*

*El portafolio de servicios está **contra** la gaveta.*

Prefijo y sufijo

El prefijo no es una palabra, sino un elemento que se une a un sustantivo o a un adjetivo para formar una nueva palabra. *Sub-, vice-, super-...* son prefijos en *subdirector, vicerrector, su-*

perintendente... A su vez, *-mente, -ísimo, -azo...* son sufijos en *frecuentemente, buenísimo, tramacazo.*

Conjunción

La conjunción une. Son conjunciones *y, e, ni, que, aunque, porque, o, u...* También hay frases conjuntivas, o conectores, como *sin embargo, así mismo, por lo tanto...*

También aquí el significado cambia, según cambie la conjunción:

*Llame a IBM **y** el BCH*

*Llame a IBM **o** al BCH*

*No asistió, **aunque** salió temprano.*

*No asistió, **porque** llegó temprano.*

La conjunción *o* se cambia por *u* antes de palabras que empiezan con *o*: *Carlos **u** Octavio,* en vez de *Carlos **o** Octavio.*

Y se tilda cuando está al lado de un carácter arábigo (*30 **ó** 40, 30 **ó** más*), para que no se confunda con el cero.

La *y* se cambia por *e* cuando la palabra que sigue empieza por *i* o *hi*: *Camilo **e** Isabel, señora **e** hijo,* pero no cuando esa *i* inicial es comienzo de diptongo: *agua **y** <u>hie</u>lo, atmósfera **y** <u>io</u>nosfera, diptongo **y** <u>hia</u>to.*

Interjección

La interjección es una exclamación que puede tener autonomía total o puede estar al comienzo, al final o en medio de un discurso.

Si usted redacta memorandos, cartas comerciales, informes de empresa no tendrá necesidad de usar interjecciones, como *oh, ah, uy, bah, zaz, recórcholis, diantres...* Si redacta cuentos, novelas o poemas, seguramente necesitará interjecciones:

*¡**Oh**, Señor, dame paciencia!*

*...iba el balón rodando calle abajo, cuando ¡**zaz**!, pasó una tractomula y lo dejó como una oblea recién hecha.*

*... se oyó el golpe seco seguido de un triste ¡**ay**, mamita!*

Estos son, como quien dice, los ingredientes del coctel. Hay que combinarlos con maestría para que queden en su punto. Las frases se forman con la unión correcta de sustantivos y adjetivos, por una parte, y verbos y adverbios, por otra. Y las oraciones y los párrafos, con la unión correcta de esas frases, con la ayuda de algunas preposiciones y conjunciones.

Frase

Frase es un conjunto de palabras. En el siguiente ejemplo hay tres frases. Solo la segunda tiene sentido completo. La primera (*Sin embargo*) y la última (*con la ayuda de un ingeniero de la Universidad de los Andes*) sólo tienen sentido si permanecen unidas a la segunda.

...Sin embargo, habían estado resolviendo el problema de los computadores, con la ayuda de un ingeniero de la Universidad de los Andes.

El término *frase* es, entonces, muy amplio en su significado. Aunque hay frases con sentido completo (*¿Quieres ir a cine?*, *Me* *gustaría verte mañana, Ya está listo el informe)*, hay multitud de frases sin sentido completo *(sin embargo, mañana por la mañana, sin dilación alguna, para nada, con la llave roja, aunque no estaba preparada para tales faenas, el doctor Rigoberto Zapata Restrepo y su señora esposa).*

Oración

Oración es la expresión de una idea completa. Para que la idea sea completa, en principio, se requiere que haya verbo (lo subrayo):

1. <u>*Voy a contarte*</u> *lo que me* <u>*pasó*</u> *allá en la Hacienda de don Goyo.*

2. *El doctor Saúl Cifuentes Lobo* <u>*solicitó*</u> *un nuevo crédito al Banco, para satisfacer algunas necesidades personales surgidas en los últimos días.*

3. *Julieta* <u>*fue*</u> *candidata al Reinado de la Alegría.*

Existe, sin embargo, la posibilidad de que el verbo no esté expreso (verbo tácito, elíptico o sobrentendido):

4. *Dos nuevos capturados, a la cárcel* (estilo titular de prensa, donde el verbo puede ser *fueron llevados* o *serán llevados* o *irán: Dos nuevos capturados* <u>*fueron llevados*</u> *a la cárcel).*

5. *¡Terremoto!* (sustantivo suficiente para movilizar a cualquiera y que, en un determinado contexto, puede ser tan efectivo como los verbos: *corran, evacuen* —o *evacúen*—, *protéjanse, recen...* y muchos otros dichos al mismo tiempo.

6. *Margarita archivó las cartas y Diana Carolina, los extractos* (no dice *Diana Carolina archivó los extractos*, pues el verbo *archivó* se sobrentiende).

Muchas veces el solo verbo es la oración, pues sin necesidad de ningún otro elemento expresa una idea completa:

7. *¡Corran!*

8. *Está lloviendo.*

Se considera también que una interjección puede ser suficiente para expresar una idea completa, por lo que una interjección sola constituye una oración:

9. *¡Amén!*

10. *¡Oh!*

La *oración* se llama también *proposición* (distinto de *propuesta*, que es otra cosa, aunque, ¡claro!, para hacer una *propuesta* debo utilizar una o varias *proposiciones*).

Párrafo

Los párrafos se forman con una sola oración o con un conjunto de oraciones debidamente relacionadas y que hablan del mismo tema.

1. *Nos es grato comunicar a usted que su crédito de libre inversión solicitado el pasado 3 de enero ya fue aprobado por la Junta del Banco* (una oración).

2. *Los extractos fueron remitidos al apartado aéreo; los cobros de servicios, al domicilio del usuario y las facturas*

de equipos, a la oficina del titular de la cuenta. Así mismo, numerosas informaciones se enviaron por medio del correo electrónico o, en algunos casos, por fax (varias oraciones).

Gramática

Conjunto de normas que rigen el idioma. Incluye ortografía, fonética, sintaxis y semántica.

Fonética

La fonética, también llamada *prosodia* u *ortología*, estudia y reglamenta la pronunciación de las palabras. Por ejemplo, que la *uve* se pronuncia expulsando el aire después de juntar los labios (labial) y no después de juntar labios inferiores y dientes superiores (labiodental, como la *efe*), como suelen hacerlo locutores y cantantes; que la *equis* de *mexicano* se pronuncia como *jota*; que la *ge* antes de la *e* y de la *i* se pronuncia como *jota* (*cónyuge* suena *cónyuje* y no *cónyugue*; *UGI* suena *uji y no ugui*) ["suena" no significa que se escriba así —*vaca* suena *baka*, pero se escribe *vaca*—]; que la *hache* no suena si no va precedida de *ce*.

En esta parte de la gramática se estudia lo relativo a la acentuación. Hay palabras átonas (sin acento), como la mayoría de las preposiciones, y palabras tónicas (con acento). Las tónicas pueden llevar el acento en cualquiera de las tres últimas sílabas. Normalmente, si se cambia el acento se cambia el significado *há*bito (tiene el *há*bito de fumar), ha*bi*to (yo ha*bi*to en Santa Fe de Bogotá), habi*tó* (Rafael Núñez habi*tó* en Cartagena), aunque hay también palabras de doble acentuación, es decir, que significan lo mismo independientemente de que se pronuncien con uno u otro acento: *cóctel* y *coctel*, *fútbol* y *futbol*,

Quizá esta sea la parte más desconocida de la gramática, pues existe la equivocada creencia de que en el lenguaje oral cada quien puede pronunciar como quiera.

Ortografía

Sin duda, la parte más conocida de la gramática es la ortografía, que da las normas para la correcta escritura de las palabras.

Los computadores se han convertido en los últimos años en excelentes aliados de la ortografía, pues algunos corrigen los errores que comete el redactor. Por ejemplo, si usted escribe *sinembargo*, palabra que no existe en español, el computador se la cambia por la frase *sin embargo*; si usted escribe *decimosegundo*, que es un error, el computador le escribe *duodécimo*, que es lo correcto. (No se imagina la brega que me dio escribir en este párrafo *sinembargo* y *decimosegundo*, pues cada vez que lo hacía el computador me lo cambiaba por las formas correctas. Afortunadamente tenía a la mano a mi asesora en sistemas).

Otras veces, la mayoría, el computador no corrige, pero indica que hay error: subraya la palabra mal escrita. Si usted escribe *persuación, idiosincracia, exhuberante, Santafé*... le aparecen subrayadas, gracias a lo cual usted podrá buscar alternativas de escritura de esos vocablos y descubrir que se escribe *persuasión, idiosincrasia, exuberante, Santa Fe*.

Ahora bien, si usted escribe *habito* donde debió escribir *habitó, medio día* donde debió escribir *mediodía, sobre todo* donde debió escribir *sobretodo*, el computador no le dice nada, porque las dos formas existen, aunque el contexto haga incorrecta una de ellas. *Donde yo **habito** puedo salir al **mediodía** con mi **sobretodo** puesto* (el hombre vive en lugar donde hay baja temperatura a las doce meridiano) no es lo mismo que *Lucrecia **habitó** solo **medio día** en la casa de los espantos, **sobre todo** porque había demasiado ruido* (no alcanzó a habitar ni un diita entero). Observe usted mismo la diferencia semántica (de significado) entre *habito* (yo, hoy) y *habitó* (ella, hace tiempo), *sobre todo* (expresión abverbial) y *sobretodo* (sustantivo), *mediodía* (12 meridiano) y *medio día* (la mitad de un día).

En consecuencia, la ortografía no está ciento por ciento garantizada por el computador. Usted debe consultar el *Diccionario de la lengua española*, para comprobar que la forma de su palabra es la correcta, pues coincide con el significado de su texto. Además, debe cerciorarse de que sea la última edición del *Diccionario*, pues la ortografía de las palabras cambia. Por ejemplo, en la edición de 1984 (vigésima), aparecía la palabra *reló*, 'aparato que da la hora', pero en la edición de 1992 (vigésima primera) no aparece sino *reloj*. Palabras como *contrarreloj, implementar, beige, sándwich, córner* y cuatro mil novecientas noventa y cinco más no aparecían en la edición del 84, pero sí están en la del 92. En la edición del 2001 aparecen *millardo* (mil millones), *cederrón* (del inglés, C.D.Rom), *estriptís* y muchas otras surgidas en la última década.

Sintaxis

Es el tema fundamental de este libro. La sintaxis da normas sobre la correcta relación de las palabras para formar frases, oraciones y párrafos y sobre su correcta puntuación. El estilo personal es bienvenido, pero cualquier característica del estilo personal debe respetar las normas sintácticas establecidas por la Gramática.

Semántica

La semántica estudia el significado de las palabras. Hay semántica de la palabra, de la frase y de la oración. Además, hay figuras de construcción, como la sinécdoque o la metáfora, que en determinados contextos dan a las oraciones significados distintos a los propios.

Bibliografía

ACADEMIA ESPAÑOLA: *Diccionario de la lengua española*, Madrid, Espasa Calpe, 1992.

-*Esbozo de una nueva gramática de la lengua española*, Madrid, Espasa, 1973.

-*Ortografía de la lengua española*, Madrid, Espasa Calpe, 1999.

ARGOS: *Errores*, Bogotá, El Espectador, 1983.

ALARCOS LLORACH, Emilio: *Gramática de la lengua española*, Madrid, Espasa Calpe, 1994.

BARVO, Carmen: *Manual de edición*, Santa Fe de Bogotá, Cerlalc, 1996.

CORRIPIO, Fernando: *Diccionario de incorrecciones*, Barcelona, Bruguera, 1979.

EFE, Agencia: *Manual de español urgente*, Madrid, Cátedra, 1994.

GARCÍA PIDRAHÍTA, Eduardo: Disparates en el habla, Bogotá, Ediciones Cultural, 1978.

LINARES, Mario: *Estilística (Teoría de la puntuación. Ciencia del estilo lógico)*, Madrid, Paraninfo, 1979.

MARTÍN VIVALDI, Gonzalo: *Curso de Redacción. Teoría y práctica de la composición y el estilo*, Madrid, Paraninfo, 1979.

MARTÍNEZ ALBERTOS, José Luis, y SANTAMARÍA SUÁREZ, Luisa: *Manual de estilo*, Sociedad Interamericana de Prensa, Indianápolis, 1993.

MARTÍNEZ DE SOUSA, José: *Diccionario de ortografía de la lengua española*, Madrid, Paraninfo, 1996.

MIRANDA PODADERA, Luis: *Análisis gramatical*, Madrid, Hernando, 1977.

MUNDO, El: *Libro de estilo*, Madrid, Unidas, 1996.

ORTIZ, José S.: *Estudio sobre la construcción y puntuación de las cláusulas castellanas*, Guayaquil, Uzcátegui, sin año.

PAÍS, El: *Libro de estilo*, Madrid, Prisa, 1997.

REPILADO, Ricardo: *Dos temas de redacción. Sobre la puntuación del español moderno. Sobre el párrafo y sus problemas*, La Habana, Pueblo y educación, 1969.

SECO, Rafael: *Manual de gramática española*, Madrid, Aguilar, 1969.

TIEMPO, El: *Manual de Redacción*, Santa Fe de Bogotá, El Tiempo, 1995.